Ⓢ新潮新書

加山雄三
KAYAMA Yuzo

俺は100歳まで生きると決めた

1038

新潮社

はじめに

２０２２年の大晦日、『ＮＨＫ紅白歌合戦』で歌った後、俺は１００歳まで生きると決めた。

紅白を最後に人前で歌う歌手としては引退した。でも、まだまだやることはたくさんある。そう思ったんだ。

寿命は本来自分ではコントロールできない。だからといって、自分で決めちゃいけないという決まりもない。だったら、俺の命なんだから、俺が決めたっていいじゃないか。そうだろ？　１００まで生きるよ。

そんなふうに決めてみると、１００まで生きられる気がしてきた。いや、必ず１００までいく。身体に力がわいてきた。

この本が書店に並ぶころ、俺は87歳になる。１００まで、あと13年だな。まだまだ頑張らないといけない。

俺はね、これまでに何度も死にそうになった。雪崩に遭って雪の中に埋もれたこともある。圧雪車の下敷きになったこともある。脳梗塞もやった。小脳内の出血もあった。その都度、三途の川の手前で引き返して、今ここにいる。

守られているっていうかさ。生かされているんだな。今日もこうしてピンピンしている。ご飯もおいしい。

元気でいるために、もちろん努力はしてきたよ。そりゃ、そうさ。なにもしないで健康でいられるわけがない。

カミさんと二人、今は自立型ケア付き住宅で暮らしている。今朝も起きてすぐにスクワットをやった。ありがたいことにトレーニング・ルームがあるから、そこでも身体をいじめている。

ご飯をおいしく食べられるには理由がある。歯が丈夫なんだ。歯は消化器の入口だからさ。歯が強いと食べたものをしっかり咀嚼できる。唾液もしっかり出るから、胃に負担をかけない。胃がきちんと働いてくれれば、腸にも負担をかけない。

今は80歳で自分の歯が20本以上あると、健康のあかしと言われるだろ。ちょっといばれるらしいね。

俺は86歳だけど、27本が自分の歯だよ。毎食後に歯を磨いているからね。この本のなかでまた話すけれどさ。歯ブラシも3種類使い分けている。1か月に一度は歯科でクリーニングしてもらっている。人間の身体っていうのは、自分でつくっていかなくちゃいけない。俺はそう考えているよ。

俺の目標は〝ピンピンコロリ〟。

この意味、わかるかい？　人生の最期の瞬間までピンピンしていて、そのときが来たらコロリと逝きたい。苦しまないでね。

そんな都合よくいくかい、だって？　そう思うなら見ていてごらんよ。俺がやって見せるから。

100までピンピンしてコロリと逝くには、トレーニングも歯のクリーニングも継続しなくちゃいけない。毎日の生活も充実させなくちゃいけない。身体だけじゃなくて、気持ちにも張りが必要だからね。いくつになってもはっきりと目標を持って、努力を続けて、まわりに感謝しなくちゃいけない。

日本では、75歳以上を後期高齢者というらしいね。70になったら、まあまあ老人ということだよ。でも、ふり返ると、俺の全盛期は70代だったんじゃないかな。コンサートで歌ったり、テレビ番組であちこち歩き回ったり。70代は毎日充実していたからね。その延長線上に、今の80代の元気な暮らしがある。

そんな俺の70代、それまでの歩み、そして80代になった今、さらに未来について、この本で話していこうと思う。

俺は１００歳まで生きると決めた　目次

第一章　輝かしき俺の70代

第二章　茅ヶ崎の海が俺を育てた

第三章　俺の芸能生活、山あり谷あり

第四章　80代、まだまだ青春

第五章　今の俺、これからの俺

第一章　輝かしき俺の70代

「攻める」と誓った70歳

これからの人生は攻めよう。

70代に入ったころに思った。きっかけはなんだったかな？

70歳になったとき、せがれたちがお祝いパーティーをやってくれたんだ。親しい仲間たちを集めて、みんなでおいしいものを食べた。ありがたいなあー、と思った。あのときに攻めようと思ったのかな。

守りに入らずに攻めなくてはいけない。それは、ずっと思っていた。若くて身体が元気なころは、意識しなくても、どんどんいく。無理がきくからね。でも、70くらいになると、前に進む意識を強く持たないと、攻められない。

実は、いつでも攻められるように、身体はけっこう鍛えていた。俺の職業は、ある程度スケジュールをコントロールできる。トレーニングする時間はつくれたんだ。

俺がもし会社員だったら、70といえば、とうに定年退職した年齢だろ。でも、俺は勤め人じゃないからさ。やるかやらないか、自分で決めなくちゃいけない。じゃあ、どうするか？　自分に問いかけた。

　すると、力がわいてきた。

「よし、これから5、6年また頑張ってみよう！」

　そう思ったのが70歳だった。

　あのとき、まわりのスタッフにも言ったんだ。

「俺は、これからもやる」

　すると、みんなは驚くわけでもなく、はいはい、ってね。次々とアイディアを出してくれて、動き出した。

　そうか、俺がやる気になれば、みんなもやる気になるんだ。あらためてそう思ったよ。そして、次々とスケジュールが埋まっていく。とっくに態勢ができていたのかもしれないな。頼もしかったね。

　それが俺の70歳だった。

　人間というのはおもしろいね。やる！　と決めたら、エネルギーがどんどんわいてくる。攻める気持ちになっていく。攻める身体にもなっていく。

そして攻めに転じると、それが自分に還元されるというかさ。自分の力になり、成果が上がっていく。その成果がまた自信になる。プラスのスパイラルが生まれていくんだ。年齢を重ねてからは、やっぱりなすがままじゃだめだね。それじゃあなにも新しいことは起こらない。でも、自分からなにかをやれば、なにかが起こる。

俺みたいな仕事、シンガーソングライターや俳優は自由だろ。自分次第だ。だからこそ、油断するとなにもやらなくなっちまう。気を抜くと、楽な選択をしてしまう。

だから、常に自分に確認する。

「ちゃんと攻めているかい？」

「決めたことを実行しているかい？」

そんなふうにして70代から生きている。マネージャーは忙しくなって迷惑しているかもしれない。それは俺もわかっているけれど、気にせずに巻き込んでいく。

87歳を迎える今、70で、やる！　攻める！　と決めてよかったと思っているよ。実際にいろいろなことができたからね。

まず、この章では俺の70代について話していこうと思う。

ザ・ヤンチャーズ結成

音楽は生涯の親友――。

俺はそう思っている。心から音楽を愛しているからね。

音楽はすごいよ。言葉以上に気持ちが伝わる。世代が違っても、国籍が違っても、話す言語が違っても、肌の色が違っても、心と心が通い合うんだ。音楽は、言ってみれば〝世界語〟だよ。

みんなは俺をミュージシャンだと思っているのかな？　それとも、俳優だと思っているのかな？　音楽ファンの人はミュージシャンとして歌を聴いてくれて、映画ファンの人は役者だと思ってくれているのかもしれないね。

そんな俺の仕事が音楽中心になったのが70代だった。70代は歌ったなあー。ツアーもやったし、いくつものフェスにも参加した。バンドも組んだ。その一つが、２０１０年の俺のデビュー50周年のときに結成した、加山雄三とザ・ヤンチャーズだよ。

メンバーは豪華だったね。さだまさし君、谷村新司君、森山良子ちゃん、南こうせつ君、THE ALFEE のみんな。

きっかけは、俺の誕生会だったと思う。あの日に集まってくれたメンバーで、バンドを結成したからね。発案者はフジテレビのエグゼクティブ・プロデューサー、石田弘君だったんじゃないかな。バンド名はさだ君のアイディア。８人で「座・ロンリーハーツ親父バンド」という曲を歌った。作詞はさだ君、作曲は俺。ビートルズの曲「サージェント・ペパーズ・ロンリー・ハーツ・クラブ・バンド」のパロディだよ。

メンバーは全員がレジェンド。でも、みんな俺よりは若い。若い人たちと一緒にやるのは大切だよな。彼らから元気をもらえて、俺も元気になれる。彼らと歌うことで、俺も若くありたいという気持ちがわいてくる。

50周年のときに「加山雄三　若大将50年！　アリーナコンサート」を開催した。会場は東名阪。日本武道館、日本ガイシホール、大阪城ホールの３か所でコンサートを開催した。ステージではヤンチャーズのコーナーをつくって、メンバーに一緒に歌ってもらった。拍手喝采だったよ。

ランチャーズからヤンチャーズ

１９６０年代に、俺はザ・ランチャーズっていうバンドをやったことがある。当時、東宝に藤本真澄さんという大プロデューサーがいてさ。俺の若大将シリーズや、黒澤明監督や成瀬巳喜男監督、岡本喜八監督の名作をたくさんつくった人だよ。その藤本さんが俺に、東宝の役者やスタッフを集めてバンドをつくれ、って言ったんだ。若大将シリーズにも出演させるから、ってね。それがランチャーズだった。

初代ランチャーズのメンバーは、ドラムスが二瓶正也さん、ベースが佐竹弘行君、ギターが津田彰君と白石剛敏君、スティール・ギターが速水洸君。俺はギターとヴォーカルを担当して、実際に若大将シリーズの1作目の『大学の若大将』から3作目の『日本一の若大将』までやった。

でも、みんな本業が忙しくてさ。続かなかったんだ。途中で従弟の喜多嶋瑛や喜多嶋修を入れたんだけど、彼らはまだ高校生だった。学校に行かなくちゃいけない。そんなふうでなかなか継続できなくてさ、終わってしまったんだ。そのランチャーズにちなんで、バンド名をヤンチャーズにしたんだ。

バンド名を提案してくれたさだ君とは縁があってね。彼は毎年8月6日に、長崎市の稲佐山公園で「夏　長崎から」というコンサートをやっていた。平和を祈って。無料でね。会場には2万人くらいお客さんが集まるんだ。そのコンサートに俺は10年連続で参加していた。

「加山さんも歌ってくださいよ」

さだ君が依頼してきた。

「いいよ」

すぐにOKしたよ。

「チケットを売らない無料コンサートなんですよ」

「それなら、俺の出演料もただでいいよ」

「ホントですか？」

「ギャラなんてどうでもいいんだよ」

そういうやり取りをしたんじゃないかな。

そんな付き合いもあったからさ。ヤンチャーズのときにも、さだ君は気持ちよく参加してくれた。


「サライってなんだよ？」

そのヤンチャーズに参加してくれた谷村新司君との関係がぐっと近づいたのは、やはり1992年に「サライ」を一緒につくったときだね。日本テレビで毎年行われているチャリティ番組『24時間テレビ 愛は地球を救う』。その第15回で彼と組んで、この曲を作詞・作曲した。

歌詞は、全国の視聴者から送られてくる愛のメッセージをもとに谷村君が書いた。作曲は俺。作曲家名は〝弾厚作〟だ。制作は番組放送中。つまり24時間内に完成させて、歌唱までもっていかなくちゃいけない。今思うと、とんでもない企画だよ。力がないとできない作業だ。

タイトルの「サライ」を提案したのは谷村君だった。サライというものを俺は知らなかったからさ。

「おい、サライってなんだよ?」

谷村君に聞いた。

「知らないんですか?　キャラバン・サライってあるじゃないですか」

「へー。それで、サライって、なんだよ?」

「家とか宿という意味ですよ」

「へえー」

ペルシャ語らしいけれどね。勉強になったよ。

「サライって、温かさを感じませんか？」

「うん。いいよ。それでいこう」

ＯＫした。俺はたいがいのことはＯＫなんだ。

あのとき、二人で苦労しながらもミッションをクリアした。作詞・作曲して、譜面に起こし、すべての系列局にファックスで送信し、合唱のリハーサルをしてもらい、番組のラストでは日本全国で一緒に歌った。

ここまで全部で24時間。すごいだろ？

作詞中に谷村君は何度も電話をしてきたよ。俺は、詞は全部任せると言ったんだけどね。彼は律儀なんだな。

「サライ」はよくできた。俺のつくるメロディは、どうしても海を感じさせるものになるだろ。一方谷村君の歌詞はさ、天高く昇って、空の上から響いてくるような雰囲気がある。ふつうならかみ合わないようなメロディと歌詞を彼は最後に見事にまとめ上げた。天才だと思ったよ。

中華料理も中華テーブルも手づくり

そんな谷村君を夫妻でうちに呼んでご馳走したこともあった。

「何が食いたい？」

最初のときに好きなものを聞いたんだ。

「なんでもいいです」

「なんでもいいっていうのが一番困るんだよ。なににしたらいいか、こっちが迷うだろ。好きなものをはっきり言ってくれ」

「ほんとうになんでも食べます」

彼は俺よりもひと回り年下だから、遠慮するんだな。

「わかった。じゃあ、中華でいいかい？」

「はい」

それで中華に決まった。

せっかくだから、俺は谷村君を驚かせたい。そこで、中華テーブルからつくることにした。店にある、あの円卓を手づくりすることに決めたんだ。

さっそく2メートル幅で厚さ20ミリのベニヤ板を2枚買ってきた。その角を糸ノコで落として円形に切って重ねて4本脚のテーブルに乗せた。

回転テーブルは、石屋に発注した。友だちの弟が石屋をやっていたんだ。回転させるローラーは香港に行ったときに買ってきた。

帰国したときの入国審査で、ローラーについて聞かれてさ。細かく説明したら、感心されたよ。その材料で、6人用と8人用、テーブルが2つできた。

中華の食器は上野の近くのかっぱ橋でそろえた。自宅で使うほかに、俺の船に置く食器も買った。

「加山さん、中華料理店やるの?」

店のおじさんに聞かれたよ。

「うん、そんなようなものかな」

「本業も忙しいのに、すごいねえー」

あまりにたくさん食器を買うから、おじさんは目を丸くしていた。

調味料は横浜の中華街に買い出しに行った。あそこに行くと、中華の食材はなんでも揃う。

カミさんと分担して、13品つくったんじゃないかな。フカヒレスープもやったよ。乾燥したフカヒレも中華街で真空パックされて売っているんだ。それを買って、自宅のキッチンでコトコト煮てさ。スープ用の大きな器に入れてみんなに取り分けた。楽しかったなあー。中華の料理人になった気分だったよ。

谷村君は、そりゃあもうびっくりしてた。まさか俺がテーブルからつくるとは思っていなかったんだろうな。

俺はなんだって自分でつくる。あれから俺はよく中華パーティーをやった。1回で終わらせたら力作したテーブルがもったいないからね。

「サライ」は毎年、24時間テレビで歌った。谷村君と、俺と、出演者のみんなと。視聴者の皆さんも一緒に歌ってくれた。

谷村君と別れの「サライ」

2023年10月8日――。

谷村君がまさかこんなに早く帰らぬ人になるなんて。今も信じられない。身体が悪かったなんて、俺はまったく知らなかった。

彼と最後に歌ったのは2022年の24時間テレビだった。いつものようにフィナーレの前、二人だけで「サライ」を歌った後、彼に抱きしめられてね。びっくりしたよ。

あのときは、彼が俺のことを案じてくれているのだと思った。その少し前に脳梗塞をやって、小脳内出血もやって、ステージで歌うのをやめると決めていたからね。

それにしても変だった。谷村君の顔を見たら、涙を流してるんだ。えっ、泣くことはないだろ？

俺はまだまだ元気だぞ――と言ってやろうと思った。

すると、やさしい声で言うんだよ。

「さようなら」

おいおいおい。おおげさ過ぎないか、と思った。でも、大勢の人が観ている24時間テレビのファイナルのステージだろ。よしよしと抱きしめた。

あのとき、谷村君は俺の身を案じたのではなかったんだな。今思えば自分の身体の状態をわかっていたんだろう。それで、最後の「サライ」を歌って泣いていた。別れの抱擁だったんだ。それを俺は察してあげられなかった。

最後の「サライ」は忘れられない歌唱になった。

備前焼に挑戦

谷村君とはたくさんの時間を共有したよ。たくさんの感情も共有した。陶芸を教えてもらったのもいい思い出だ。

彼が遊びに来たとき、うちにある花瓶をしげしげと眺めているんだよ。いただきものの花瓶だった。

「この花瓶、すごいですよ」

谷村君が言ったんだ。でも、そのときの俺は花瓶の良し悪しなんて、さっぱり理解できない。

「そんなにいいものなの?」

彼の目利きに感心して聞いた。

「これは見事な備前焼です」

「なんでわかるんだ?」

「僕、備前焼をやっているんです」

「どこで?」

「岡山にいる先生のところです」

「ええー、俺も連れて行ってくれよ」

興味をそそられて備前まで出かけていった。俺はなんでも自分でやってみないと気が済まない性分だからね。

陶芸では先輩の谷村君と一緒に土をこねて、焼いて。素朴な陶土を窯で焼くと、見事な仕上がりになる。最初は、そりゃあ、苦労したよ。ところが、自分でもびっくりするくらい、ちゃんとできるようになったんだ。買ってくれる人までいるんで驚いた。

備前焼は楽しかったね。いくつもいくつもつくっていくと、自分の技量が上がっていくのがわかる。

ただ、俺の場合、つい競争心が生まれてくるんだな。谷村君に負けたくないと思ってしまう。

「加山さん、じっくりやりましょうよ。陶芸は勝負事じゃないんだから」

そんなふうに、彼にはよくたしなめられたよ。

谷村君との「サライ」は何度も歌った。24時間テレビのエンディングはもちろんだけど、さだ君の「夏 長崎から」でも谷村君と歌った。二人で肩を組んで歌うと、2万人のお客さんも肩を組んで合唱してくれてさ。ステージにいる俺たちが感動しちゃうんだ。

「サライ」、つくってよかったよな。

そんなだからさ、谷村君の早い旅立ちはつらかったな。亡くなった後、カミさんと一緒にお線香をあげに行った。遺影があって、そのなかで谷村君がにっこり笑ってんだ。「おい、俺も後から行くからな。遅くなるかもしれないけれど、待っていてくれよな」話しかけたよ。

あっちの世界には時間の感覚がないという説もあるだろ。だから、そんなに待たせない気もするけれどな。

光進丸は人生の相棒

ヤンチャーズのメンバーとは、プライベートでも楽しんだ。よく一緒に遊んだ。光進丸に乗って海へ出たり、船の中でカラオケ・パーティーをやったりね。

俺が自分で設計して１９８１年に完成した3代目の光進丸は、重さ１０４トン。全長25・６メートル。船幅は６・61メートル。９１９馬力のエンジンを2機搭載する18人乗りのプレジャーボートだった。グアム、サイパン、パガン、テニアン……。いろいろなところへ行ったな。

サイパンの南にあるテニアン島は、戦前は日本の統治下にあった島でさ。太平洋戦争でアメリカ軍に占領された。今のテニアン国際空港は日本への攻撃の拠点になって、B-29が毎日のように飛び立ったそうだ。広島と長崎に原爆を落としたB-29もテニアンから飛び立った。空港を眺めると、胸が苦しくなったね。

島の小高い丘に登ったら、祠《ほこら》があった。日本人戦死者を祀《まつ》ってあるんだ。みんなで並んで、頭を下げた。

「ご苦労様でした」

そう言って手を合わせた。

そのとき一緒に航海した仲間に、南方の戦場で父親を亡くした男がいた。涙を流していたな。いろいろと思うことが多かったのだろう。

時を経て、ヤンチャーズのメンバーとは、宴会場として乗船していた。江の島や逗子あたりに停泊して、騒いだ。食べて、歌って。釣りをしているやつもいたな。

ヤンチャーズのカラオケ・パーティーはすごいよ。全員、歌はうまいからな。俺に気を遣って、そのうまいシンガーたちが、ちょっと遠慮するというか、抑え気味に歌う。それがいいんだな。

仲間とカラオケをやるとき、俺は自分の歌は歌わない。もっぱら演歌だよ。十八番《おはこ》は

「奥飛驒慕情」「さざんかの宿」「与作」だ。ほかのメンバーも演歌を歌っていたんじゃないかな。

食事はいつも俺がつくる。海の上では、船長で、幹事で、シェフだからね。

人気のメニューはたくさんあるけれど、なかでも特に喜ばれたのは、バラハンだ。バラバラにしたハンバーグだから、略して、バラハン。加山家の定番の料理だよ。

ハンバーグはおいしいだろ。でも、手でこねて丸めるのが面倒でさ。だから、ひき肉やタマネギといったハンバーグの具を丸めないで、炒めてご飯に乗せる。調味料は、塩、胡椒、醬油、ブイヨン。丸めないから、ツナギはいらない。

でかいフライパンに大量につくって、お玉で自分でよそって、好きなだけ食べる。うまいぞおー。バラハンはね、アレンジのバリエーションも豊富だ。ニンニクやピーマンを加えてもいい。ゆで卵を加えてトーストの上に乗せてもいい。みんな、自分流で好きなだけ食べていたな。

食べれば、出る。森山良子ちゃんは光進丸のトイレをつまらせちゃってさ。どうにもならなくて、俺が手で流してあげた。彼女、感激してくれて、そのエピソードをコンサートのMCで話しているらしい。

光進丸には船用のトイレを組み込んでいたんだけど、あの事件をきっかけに、通常家庭で使う陸用のものに取り換えた。

飲んで、食べて、歌ったら、それぞれが勝手に眠ってしまう。光進丸は海の上にピタッと停まっていて揺れない。熟睡できる。朝を迎えたら、みんなクルマに分乗して都内へ帰っていく。

森繁さんとメイキッス号

よく海に出て一緒に遊んだのは森繁久彌さんだ。森繁さんは、メイキッス号という自分の船でやって来る。メイキッス1号は石原慎太郎さんの仲介で譲り受けたヨットだったらしい。それから、2号、3号と大きい船に乗り換えていったんだ。メイキッス3号では、日本をぐるりと回っていたよ。

俺と遊んでいたときの船は何号だったのかな。

海に出るとさ。森繁さんが電話をかけてくるんだ。

「加山、今どこにいる?」

「波浮《はぶ》です」

「大島か?」

「はい」

「わかった。今から行く」

そう言って、さっそくやってくる。メイキッスを光進丸に横付けして、こっちに移ってくる。そして、物々交換をするんだ。ワインをさしあげて、その代わりに魚を分けてもらうことも多かったな。

「今からたくさん魚を獲ってくるから、あとで一緒にやろう」

そう言って、森繁さんは海へ出ていく。夜は船の上でパーティーだよ。

森繁さんはけっこう無茶というか、無鉄砲でさ。時化でも出ていっちゃうんだ。天気図もよく確認しないでさ。這《ほ》う這《ほ》うの体《てい》でマリーナに戻ってきて、ロープで引っ張ってあげたこともあったよ。

光進丸のおかげで、いろいろな人と交流することができた。

光進丸は、俺にとって人生をともに歩んだ相棒のような存在だった。

赤木圭一郎との思い出、タヒチ

50周年、73歳のときには、カミさんと二人で旅に出た。

行先はタヒチのボラボラ島だよ。首都のパペーテがあるタヒチ島から260キロくらい北西にある島で、そりゃあもう美しい。リーフに囲まれていて〝太平洋の真珠〟と言われているくらいだ。

「いつか必ずタヒチに連れていくからな」

カミさんにはずっと言っていた。

でも、忙しくてさ。なかなか長い旅はできずにいた。50周年のお祝いをきっかけにやっと訪れたんだよ。

ボラボラ島にはオテマヌ山っていうすごい山がある。俺はこの山が見たかった。山頂が空を突きさすようにとがっていて雄々しいんだ。

ジャン・ジョルジュがプロデュースするレストランにも行った。本店がニューヨークにあるフレンチレストランでさ。ボラボラ島の支店は海の上にあって、海底のリーフで泳ぐ魚を見ながら食事ができる。

なぜタヒチに行きたかったのか——。実は、若いころから思い入れがあった。この島のことは、在りし日の赤木圭一郎に教わったんだ。

二つ年下の赤木とは1960年の暮れ、芸能雑誌の新年対談ページの取材で出会った。日活から赤木、東宝から俺が出版社からのリクエストだったんだ。赤木は〝和製ジェイムス・ディーン〟とか、石原裕次郎さん、小林旭に続く〝第三の男〟とか言われていた。日本でトップの俳優の仲間入りをしようという時期だった。

雑誌の新春対談は、たいがいは決まった質問がくり返されるんだ。

「今年の抱負を教えていただけますか？」

「今の意気込みは？」

そんな質問に飽きて、俺はトイレに立った。

用を足していると、赤木も入ってきて並んだ。男の連れションってやつだよ。

「飲みに行こうぜ」

横から赤木に誘われた。

「行くか」

俺も同じ気持ちだった。

「どこ行く？」

「横浜なんてどうだ？」

さっそく俺たちは取材現場から抜け出して、赤木の運転するスポーツカーで横浜へ飛ばした。

ところが横浜のバーに入ってから、俺たちは肝心なことに気づいた。赤木も、当時は俺も、下戸だったんだ。

「水、ください」

「俺も水をください」

はあ？　バーテンダーは唖然とした表情をしていた。そりゃそうだよな。男二人でバーに入って、水をくれ、というのも失礼だよな。

「すみません。ちょっと喉がかわいたもので」

俺は言い訳したよ。

酒が飲めない俺たちは、バーから夜の港へ出た。船をロープで固定するビットが並んでいて、俺はその一つに腰掛けた。

「お前も座れよ」

赤木に言ったら、あいつは地べたに座った。

「赤木、もし暇があったら、どうする？」

何気なく聞いてみた。あいつも俺も忙しくて、自分の時間がほしいときだった。

「俺はタヒチに行きたい」

赤木がそう言ったのがとても印象的だった。

1960年代の初めにタヒチへ行きたいというやつはめったにいなかった。そもそも俺はタヒチがどんなところかよく知らなかったしな。俺にとって南の島といえば、ハワイだった。

でも、赤木に対して体裁がある。納得したふりで会話を続けた。

「そうか、タヒチか。いいな」

そんなふうに言ったんじゃないかな。

あのとき、俺は初めてタヒチを意識した。

「タヒチ、いつか行ってみたいな」

そう思ったんだよ。

赤木が事故を起こしたのは、それから間もなくのことだった。

1961年2月21日、赤木圭一郎は帰らぬ人となった。俺が『東から来た男』の撮影で東宝の宝塚映画製作所にいるときに訃報があった。

彼は日活撮影所で『激流に生きる男』を撮っていた。休憩時間に撮影所内でゴーカートを運転していて、ブレーキと間違えてアクセルを踏んで加速してしまったらしい。倉庫の扉に激突して命を失った。

赤木の急死にも、ゴーカートで人間が死んだという事実にも驚かされた。だって、そうだろ。ゴーカートで、しかも高速道路でもなく、撮影所の敷地内で、人が死ぬかい？

俺は悲しかった。

赤木と会ったのは、確か2回か3回だけだったと思う。でも、俺たちは妙に気が合ったんだ。

あれから、俺のなかでは、タヒチという島が特別になった。いつかタヒチへ行きたい、と思うようになったんだ。俺にとって大切な女性も連れていきたい、とね。

カミさんとタヒチに行きたいという思いがかなったのが、50周年のタイミングだった。ずいぶん時間がかかってしまったな。

東日本大震災

デビュー50周年でヤンチャーズを結成したり、みんなに祝ってもらったりした翌年の２０１１年、日本は大変なことになった。３月11日14時46分、東北地方太平洋沖で大地震が起きた。東日本大震災だ。

ドドド！　と最初の揺れが来たとき、俺は所属するレコード会社、ドリーミュージックにいた。作詞家の秋元康さんとＮＨＫ『ラジオ深夜便』の打ち合わせをしていたんだ。番組のための曲「君は今でも」は、秋元さんが詞を書いて、俺が曲を書いて歌った。

３月11日は突然大揺れが来て、スタッフがドカドカと部屋にやってきた。

「大丈夫ですか！」

みんな、心配してくれた。大騒ぎだった。

俺はどういうわけか、冷静でいられた。あの日は大渋滞のなか、時間をかけて世田谷の自宅に帰ったよ。

東日本大震災や阪神・淡路大震災や、２０２４年の元日に発生した能登半島地震のように人の命が奪われるような大災害が起きたとき、音楽にはなにができるのか——。ミュージシャンは、その役割を考えさせられる。

発生してしばらくは、食べ物、水、トイレ……、直接命を救えるものや健康上必要なものが大切だ。被害を受けたかたがたにとっては音楽どころじゃない。ならば音楽はいらないのか。ミュージシャンはなにもできないのか。けっしてそういうわけじゃない。災害が発生して時間が経ってからが出番だと俺は感じている。傷ついた心をいやす力が音楽にはあると信じている。

音楽が力になるかどうかは、聴く人が置かれている状況や環境や心によると思うんだ。大災害が起きて、時間が経過して、被災した人たちが自分の意思で聴いてくれるようになったときに初めて、音楽は心の安らぎになる。救いになる。そんな気がしている。

ただし、あれほどの災害が起きたわけだから、俺はいてもたってもいられなくて、すぐに東北へ向かった。義援金を用意して、ギター1本を持ってね。せめて歌を聴いてもらおうとして、俺は津波にやられながらも残っていた体育館を訪れた。

ところがステージに立ってみると、どうふるまったらいいのか、俺はわからなくなってしまった。被災して家族を失ったり、家を失ったりした人たちを目の前にすると、もう何も言えないんだ。どんな慰めの言葉も失礼になるんじゃないかと思ってさ。

それでもなにか言おうとした。すると、会場から大声が上がった。

「言葉なんていいよ。はよ歌ってくれ！」

歌ってくれ！　という声に俺は目が覚めた気がしたね。

そうだ、俺は歌えばいいんだ。みんな歌ってほしいんだ、聴きたいんだ、って確信できた。

「はい。わかりました。歌います！」

そう言ってさ、ギターの弾き語りをやった。

俺がつくったなかでも、みんなが知ってくれている曲ばかりを選んだ。「君といつまでも」とか「お嫁においで」とかね。

あのとき俺はせめて被災地を訪れて、歌ってさしあげようと思った。傷ついた人たちのためにね。でも、逆だった。震災であんなに大変な状況にいる人たちが、俺が歌う歌を聴いてくれた。ひととき、同じ気持ちを共有してくださった。俺のほうがありがたいと思ったよ。

俺の歌が東北の人たちの心をいやしたかどうかはわからない。でも、気持ちは伝わったんじゃないかな。だからまたすぐに東北に歌いに行ったよ。

俺の音楽のルーツはベートーヴェン

東日本大震災の直後に東北の被災地をまわり、歌ってあらためて気づいたことがある。俺の歌の多くは、ギター1本だけでもちゃんと伝えることができるんだ。バンドメンバーを何人も連れていかなくてもやれる。

なぜなのか——。メロディがシンプルなんだよ。手前味噌になるけれどさ。聴いた人たちが気持ちよくなるようなコード進行でできているんだ。ほとんどの曲は、歌を通して俺の気持ちを伝えることができた。

あのときは、親父に感謝したね。俺の音楽のルーツ、作曲のもとになっているのは、親父の部屋の棚のレコードだったから。

うちの親父はクラシックが大好きでね。たくさんレコードを持っていた。そのなかでもよく聴いていたのが、バッハ、ベートーヴェン、ブラームスの〝3B〟だよ。この3人は特別で、ほかのレコードとは別の棚に収納されていた。

俺が子どものころ、レコードは貴重品だった。親父は俺に絶対にさわらせてくれなかった。だけど、ダメと言われるとよけいにさわりたくなるだろ。親父が出かけると、レコードを取り出してこっそりと聴いていたんだ。

当時のレコードはSP盤。78回転だった。交響曲は時間が長いから、1枚には収まりきらない。1曲が何枚にも分けられていた。

信じられるかい？　俺の子どものころ、レコードプレイヤーの針は竹だったんだ。竹針を盤にそっと乗せて3Bを聴いていた。

3Bのなかで俺が一番好きだったのは、ベートーヴェンだよ。スケールが大きくて、物語性があって、メロディがシンプルなんだ。ピアノ協奏曲第5番の「皇帝」も、年の瀬になるとあちこちのホールで演奏される交響曲第9番の合唱も、ドラマティックでわかりやすいメロディだろ。だから、一度聴いたら覚えてしまう。口ずさめる。

それを思うと、ベートーヴェンの影響を受けた音楽家はたくさんいた。たとえば、永六輔さんが作詞、中村八大さんが作曲で坂本九ちゃんが歌った「上を向いて歩こう」からはベートーヴェンのピアノ協奏曲第5番の「皇帝」の影響を感じるだろ？　何度もピアノで弾いているうちにメロディが脳に記憶されて、それが作曲のときにアウトプットされてきたのかもしれない。

子どものころに親父のレコード棚のSP盤を何度も何度も聴いていたから、俺の身体にはベートーヴェンの音楽が沁み込んでいった。脳の中に格納された。おかげで、後に俺が作曲する曲の多くはシンプルで、たくさんの人に聴いてもらえて、歌ってもらえて、覚えてもらえたんじゃないかな。

だからこそ、被災地にもギターを1本持っていけばよかった。自分で歌って、自分で伴奏すれば成立する曲ばかりだからね。

そういう体験もあって、このころからはライヴハウスで歌うことにも力を入れるようになった。

それが、東京の赤坂BLITZ、大阪なんばHatch、Zepp名古屋をはじめ全国の大都市をまわった「若大将ライブハウスツアー 恋は紅いバラ」だった。ポスターは昭和の雰囲気でね。ランチャーズ時代の俺がギターを抱えて、ドラム・セットの椅子に足をかけている写真だった。

若大将ライブハウスツアー 恋は紅いバラ

ライヴハウスには1990年代から出演していた。ザ・ワイルドワンズの加瀬邦彦が銀座で経営していた店、ケネディハウスだよ。

「加山さん、またエレキを弾いてくださいよ」

あのとき、ワイルドワンズの島君に言われたんだ。しばらく音楽から離れていた時期だったからね。

加瀬はケネディハウスの経営に苦労していた。あいつを救いたいって気持ちが俺を動かしたのかもしれない。俺は縁を大切にする。

最初は確かゲスト出演したんだ。びっくりしたよ。だって、お客さんがすぐ目の前にいるんだぜ。俺、それまでは最前列のお客さんと10メートルくらい離れているホールしか体験したことがなかった。ケネディハウスではお客さんが近くでキャーキャー叫んでいるんだ。目と目が合うんだよ。なんだか恥ずかしくてさ、最初のころは前を見られなかった。どこを見ていいかわからなくて、横を向いて歌ったことを覚えているよ。

でも、あのステージはすごく刺激的だったな。ライヴっていうのは、こういうものなんだとわかったよ。ケネディハウスにしばらく出演したいと思った。久しぶりにエレキを弾いて楽しかったしね。

「またやらせてくれ」

加瀬に言ったんだ。もちろん即ＯＫだと思ってさ。ところが、あいつ、断ってきたんだよ。

「それは無理です」

そう言ったんだ。

「なんでだよ?」

「加山さんのギャラは高くて払えませんよ」

困った顔で言ってさ。

「わかった。俺はただでいいよ」

「ただというわけにはいきませんよ」

「じゃあ、ギャラはビール1本と焼き鳥3本だ。それでやらせてくれ」

契約成立。1か月に1度か2度の公演ペースで出演することになった。そのときに組んだバンドが、加山雄三&ハイパーランチャーズだった。

ケネディハウスは、ミュージシャンとしての俺にとっていい体験になったよ。なによりも、エンジョイできた。自分が本気で歌って演奏しているのを目の前で楽しんでくれるお客さんがいる。なにがよろこばれるのか、ストレートに伝わってくる。なんといっても刺激的だよな。音楽っていうのはさ、演奏して歌っているほうが楽しまなくちゃ、聴いている側も楽しくない。

日本では、たいがいのコンサート・ツアーはきちんとしてるだろ。それぞれの街のプロモーターに呼ばれて、環境が整った中で演奏できる。ところがライヴハウスは違うんだな。俺が自発的に出かけていって、その場で勝負する。ハプニングも起きる。だからスリリングだし、エキサイティングだ。あの楽しさは体験した人間じゃないとわからないだろうな。

ゆうゆう散歩は地井武男君との縁

70代に音楽活動と同時進行でやっていたのがテレビ朝日の散歩番組『若大将のゆうゆう散歩』だった。２０１２年の5月から２０１５年の9月まで。3年半くらい歩いていたことになる。

「ゆうゆう散歩」は月曜日から金曜日の午前中に放送されていた。都内や東京周辺の街を俺が散歩して、お店に寄って、その土地の人たちと交流する番組だった。遠くの街に行って歩くこともあったよ。

あの番組は突然やることになった。もともとはテレ朝の同じ枠で、俳優の地井武男君が『ちい散歩』という番組をやっていた。人気番組だった。その地井君から、ある日電話があったんだ。

「ちょっとの間、代わりにやってくれないかな。体調が悪くてさ」

「なにをやるんだ？」

「散歩の番組だよ」

ちょっと深刻な感じだった。

「ちょっとの間かい？」

「ちょっとの間でいい」

「わかった。君が戻ってくるまでは引き受けるよ」

そんな軽いやり取りによって出演することにした。短期間だと思ったからね。

地井君とはフジテレビの時代劇『江戸の旋風《かぜ》』で一緒だった。彼とは久しぶりに話したわけだけど、これも縁だと思ったんだな。

ところが引き継いでそんなにしないうちに、知り合いのスタッフから電話がかかってきた。地井君の訃報だった。心不全だった。驚いたよ。

そんな事情で、「ゆうゆう散歩」を続けることになったんだ。

「ゆうゆう散歩」の収録は、ものすごく歩くんだ。あんなに歩くとは、楽しくもあり、つらくもある。週に2回、1日に2本ずつ録るから、朝から夕方まで歩き続けるんだな。夏も、冬も歩く。晴れでも、雨でも、雪の日でも歩く。

一つ打ち明けるけれどさ。俺は若大将といわれて、夏の男のイメージが強いだろ？でも、実は暑さにはめっぽう弱いことに気づかされた。海ならばまだしも、街中の暑さにはまいってしまう。だから、夏の収録は苦しかった。ぐったりとしちゃう。寒さには強くて、冬は頑張れるんだけれどね。

もっと白状するけれどさ。真夏のロケは行きたくなかった。俺だって生身の人間だからね。3年以上も歩いていたら、気分が乗らない日だってあるさ。体調がよくない日もある。散歩の番組というのは、収録中に数えきれないくらいの人と握手をする。だから、風邪もひきやすい。体調管理にも気を遣うんだ。

関心、感動、感謝

「ゆうゆう散歩」のころは本当に忙しくてね。2014年から2015年にかけては全国47都道府県を全部まわるツアーをやっていた。とにかく旅が多かった。

毎週末日本のどこかでコンサートをやって、帰るとすぐに「ゆうゆう散歩」を収録して、週の後半にまた収録して、その間は打ち合わせやリハーサルがあって、休む間がない生活を送っていた。

あの3年半は戦いだったよ。自分との戦いだ。今日は行きたくないなあ、と思う自分を自分で励まさなくてはいけない。

大切な仕事だ。縁あっての仕事だ。行きたくないと思う自分が間違っている。それは十分に承知している。

「仕事をもらえていることに感謝」

「大変なのは俺だけじゃない。スタッフも同じだ」

「みんなありがとう」

いつも心の中で自分に言い聞かせていたよ。

そんなふうに葛藤しながら、ロケに出かける。しっかり収録を終えられたら、俺は自分との勝負に勝ったことになる。

俺は今も次の三つを大切にしている。関心。感動。感謝。

これを「人生の三〝かん〟王」と呼んでいる。

こういう話をするとさ。悟りの境地ですね、と、ときどき言われる。でも、それは違うんだな。そんな立派なものじゃない。悟りだなんて思っているうちはまだまだなんだ。真夏の40度に近い日にまる一日歩くロケも平常心でこなせなくちゃいけない。ただそれだけのことだよ。

もちろん、「ゆうゆう散歩」には楽しい体験はいくつもあったよ。思い出深いのは、長野県の姨捨《おばすて》棚田を歩いたロケだよ。この土地の人はみんな気持ちよくてね。それに、棚田米っていうんだけど、米がものすごくうまい。

「ゆうゆう散歩」では、最後に俺が書いた文章を読むんだ。

姨捨
美しい田園風景を守るのは
美しい夫婦愛
君といつまでもだねぇ

雄三

そんな文章をつづった。

実際に仲睦まじいご夫婦と会ってね。塩むすびをいただいた。あんなにおいしいおむすび、それまでに食べたことはなかったよ。

打ち合わせでは、俺がおむすびを1、2個くらい食べることになっていた。でも、「ゆうゆう散歩」はすごく歩くから、腹ペコでさ。いっぱい食べたよ。具の入っていないシンプルな塩むすびだったけれど、米そのものがいいんだ。俺、食べ過ぎて、マネージャーに止められた。

うまかったなあー。あれはいい思い出だね。

70代にあの忙しさを乗り切ったことで自信がついた。それに「ゆうゆう散歩」で歩いたことで、俺の足腰はずいぶんと鍛えられたと思うよ。

最終回では、お礼の言葉を読んだ。

夢は思えば叶うんだ、
というタイトルの通り、
皆さんも自分の夢を叶えるような
生き方をして頂きたいと思います。

この番組を通して
様々な素晴らしい物に出会うことが出来、
おかげさまで温かい人間になれた気がします。

雄三

これは俺が心から思っていることだよ。人間というのは「やりてえなあー」と思っていることが現実になるんだ。本気で思えばね。

悪いことを願っちゃだめだよ。いいこと、人のためになること、自分のためにもなることを真剣に願うと、その願いはかなう。

俺の70代はハイパーランチャーズをやって、ツアーをやって、「ゆうゆう散歩」で歩いて。休む時間なんてなかった気がする。

でも、地井武男君は自分の大切な番組をなんで俺に引き継いだんだろう？　聞けずじまいだったな。

70代は繁忙期だったけれど、だからこそあの時期に勲章をもらえたんだと思うよ。旭日小綬章を受章した。

最初事務所に文化庁から連絡がきてさ。マネージャーが対応したんだけど、なんのことか理解できなかったらしい。

旭日小綬章ってなんですか？　どんな字を書くんですか？　とか聞いているんだよ。そりゃ突然言われてもなんのことだかわからないよな。

横で話を聞いていた俺自身もマネージャーと同じで、意味がわからなくて、お断りしておいてくれ、って言ったんだ。俺、勲章って、お年寄りがもらうものだと思ってさ。年寄り扱いされたくなかったんだ。でも、よく話を聞くと、年寄り限定というわけではないらしい。

そうと知って、嬉しくなってね。名誉だよ。

あのころに築いた人間関係、鍛え直した身体をもって臨んだ80代にいく前に、次の章では70歳になるまでの俺のキャリアについても話しておこう。俺の人生は、山あり谷あり、まさかありだな‼

第二章　茅ヶ崎の海が俺を育てた

いやだったフリチン

俺が生まれたのは１９３７年、昭和12年4月11日に横浜市神奈川区で。親父は、俳優の上原謙。おふくろも俳優で、小桜葉子。横浜にいたのは1歳くらいまでだから、もちろん記憶にはないよ。その後は東京へ引っ越した。大田区の田園調布だ。２歳近くまでいたらしい。

幼少時の俺は身体が弱くてさ。すぐに風邪をひいて、腹もこわした。だから親父の判断で、神奈川県の茅ヶ崎に家族で引っ越すことになったんだ。

茅ヶ崎の家は広くて、敷地は５００坪以上あった。おふくろは岩倉具視のひ孫にあたって、経済的に恵まれていたんだ。庭で犬を飼っていてさ。大きいのも小さいのもいて、多いときには17匹いたよ。

貧しい時代に裕福だと、学校では嫌われ者になる。仲間外れにされた時期もあったよ。誰もがボロボロの服を着ている時代に、俺だけがきれいな服を着ていたから、遊んでもらえないんだ。しかたがなく、教室で一人ぼっち、画を描いていた。

毎日画を描いていると、うまくなっていく。そのうち、同じクラスのやつの顔を描くようになった。そうすると、みんな自分の顔を描いてほしいと言ってきて、どんどん描いて、仲間外れじゃなくなった。

あの時期があったから、その後も描いている。59歳になったころ、俺は本気で油絵を描き始めた。それが今も続いている。

当時の湘南は空気がきれいでね。海があって、山があって。アジとか、イワシとか、新鮮な魚や野菜をいくらでも食べられた。良質のたんぱく質を毎日摂れたから、日に日に健康な身体になっていった。

家は茅ヶ崎駅と相模湾を結ぶ道の途中でさ。今は雄三通りという名称になっている道沿いだよ。

夏は毎日海で遊んだ。楽しくてしかたがなかった。でも、一つものすごくいやなことがあってさ。親父の方針で、夏は外でも全裸にさせられていたんだ。フリチンだよ。親父は太陽の光を全身で浴びたほうが身体にいいと思ったんだろうな。

他の人はみんな海水パンツをはいているのに、俺だけフリチン。恥ずかしいなんてもんじゃなかったね。尻に砂はつくしさ。すごい不満だった。しかたがないから、海藻をひろってさ。腰に巻いて前を隠していた。今でも写真が残っているよ。

親父の水泳特訓

小さいころ、俺は漁師になりたかった。

海に遊びに行くだろ。そこに漁師のオジサンがいるんだ。船で沖へ出て網を降ろし、いわゆる地引き網がはじまる。浜に帰って、網を引くと、アジやイワシやサバがピチピチ跳ねている。俺たちが引くのを手伝うと、オジサンがそれをくれるんだ。

バケツに半分くらいも魚をもらうと、俺は近所の魚屋さんへ持っていく。おふくろがいつも魚を買っている「文《もん》」というお店だった。文さんという人がやっていた。文さんは魚を開いて、塩をふって、乾燥させて、干物にしてね。そのうち10枚くらいをうちに持って来てくれる。おいしいのなんの。新鮮だからね。おふくろは大喜びでさ。俺はほめられる。ちょっと誇らしいわけだよ。

そういう体験が続くと、漁師のオジサンがかっこよく見えるだろ。憧れた。大人になったら、俺も漁師になりたいと思った。自分の船を持って、船団を従えて魚群を追い海へ出ていきたい、とね。

俺が子どものころ、親父は厳しかった。いつも怒っていた。俺が今もほとんど怒らないのは、親父を見ていたからかもしれない。反面教師にして生きてきたからね。そんな親父も、やさしいときはものすごくやさしいんだよ。

茅ヶ崎に引っ越してからは、海で泳ぎを教えてくれた。特訓だ。

今でも鮮明に覚えている出来事がある。小学校4年生のころ、親父と二人、浜でビーチボールで遊んだことがある。そのビーチボールが海のほうに飛んで、北風で沖へ沖へと、平島っていう岩のほうへどんどん流れていっちゃった。それを親父が、よせばいいのにどこまでも追いかけて、ついにあきらめて浜に帰って来た。疲れて、もうほとんど歩けないほどよれよれになった。

「親父、大丈夫かよ？」

俺が駆け寄ると、浜に座り込んでさ。

「少し休めば大丈夫だ」

強がって言うんだ。

気が強《つえ》えなあ、と思ったことを覚えている。負けず嫌いなんだな。それが俺にも引き継がれたのかもな。

初めての料理体験は貝の佃煮

茅ヶ崎では海藻も食べ放題だ。漁師のオジサンが地引網を引くと、ワカメや昆布がたくさん引っかかってくる。でも、ほとんどは海や浜に捨てちゃうんだよ。それをもらってくるんだ。

持ち帰った海藻は、おふくろが鍋の底に敷いて出汁をとる。鍋物や煮物をつくるんだ。食べ終わると、出汁をとった昆布が残るだろ。それを取り出して細切りにして酢で煮ると酢昆布になる。

この酢昆布と醤油で煮たジャコと混ぜて、熱々のご飯に乗せてお茶漬けにすると最高にうまい。我が家の伝統のメニューだよ。ジャコは湘南の名物だから、いいものが常に手に入ったからね。

浜でハマグリに似た貝をバケツ一杯獲って、家に持ち帰ったこともある。最初はおふくろに怒られてさ。

「こんなに貝獲ってきて、あんた、どうするつもりなの」

困った顔をしていた。

しかたないから、かまどに火をくべて自分で煮込んだよ。醤油を加えて、みりんを加えて、日本酒を入れて、佃煮にしてみた。

それがなかなかいい出来でさ。家族に食べさせたらよろこばれた。

「おいしいじゃないか」

みんなが言ってくれて、親戚にも分けたりした。俺の初めての料理体験だよ。大人たちによろこばれるのがうれしくて、何度もつくった。

あの貝、あとで調べたら、イシハマグリというらしい。正式名称はオニアサリという。魚屋にあるアサリと違って、火を加えてもあまり縮まない。酒蒸しやパスタに入れてもおいしいらしいよ。

自分が大人になってから、光進丸でみんなに料理をふるまったり、谷村新司君夫妻を自作の中華料理でもてなしたり、86歳で俺の料理本も出版したけれど、その原点は子どものときにつくったイシハマグリの佃煮だ。

中学生になると烏帽子岩まで行くようになった。漁船に乗せてもらったり、自力で泳いだりしてね。正しい名前は姥島っていうんだけれど、形が烏帽子みたいだから、みんな烏帽子岩と呼んでいる。茅ヶ崎海岸からは1・1キロくらいかな。

烏帽子岩へ行くと、サザエは獲れるわ、アワビは獲れるわ。それはもうすごいよ。あいつらがどこに潜んでいるか、俺たちはよくわかっていた。俺たちだけの秘密にしてたけどね。海に潜って大きな岩を持ち上げると、裏で貝が海藻を食べている。油断しているやつを金属の道具でコツンと叩くと、ポロッと落ちる。

今は、食用の貝類を漁業権を持たずに獲ると密漁で捕まってしまう。でも70年くらい前は自分が食べる分、一つか二つなら怒られなかった。

魚も貝も海藻も新鮮なものばかり毎日食べていたら、健康にならないわけがないよな。俺の幼少期から小学校低学年にかけては、太平洋戦争中だった。日本中で食べ物が足りない時代に、海辺で暮らすことができたのは、ほんとうにありがたかった。育ち盛りの年齢のときに茅ヶ崎の海の自然の恵みをいただけたから、87歳になっても元気にしていられるし、100歳まで生きるという自信ももてている。

茅ヶ崎は俺を健康にしてくれただけでなく、海の男にもしてくれた。俺は中学生の頃にはボディ・ボードをやっていたんだ。

台風の後、相模湾にはいい波が立つ。俺はさっそく海へ出る。あのころは、今みたいなかっこいいボードなんかない。だから、風呂の蓋を抱えて、波に乗った。もともと親父がやっていたのを真似したんだ。

目の前で消えた命

アメリカ軍がマリアナ諸島を拠点にして日本の本土襲撃を激化させたのは1944年。そのころになると、B-29はよく茅ヶ崎の空を飛んで、東京へ向かった。その機が帰るときが危険でね。東京を爆撃して余った爆弾を落としていくんだよ。

ある日、親父とうちの2階にいたら、B-29が飛んでくるのが見えた。海にいた日本軍が下から攻撃した。

「落ちろ！」

俺は叫んでいた。子どもながらに、アメリカ軍を敵だと思っていたんだな。

日本軍の下からの攻撃はたいがい当たらない。ところが、そのときは見事に命中した。B-29は1機だけ江の島あたりに落ちていってね。まるで海が燃えるように、広い範囲に炎が広がった。

ああ、命が一つ失われる……。そう思って胸が苦しくなったよ。落ちろ！　と叫んだくせにね。

親父と二人、無言のまま、いつまでもじっと海を見つめていた。

戦時中はよく死体に出くわした。

ある朝浜を散歩させていた犬が足を止めた。人の死体が打ち上げられていたんだ。死んだ人をそのまま放置しておくわけにはいかないだろ。脚を持って浜に引き上げようとした。すると、皮がずるっと剝けてね。骨がむき出しになった。水をふくんでブヨブヨになっていてさ。ものすごい臭いがした。俺はあわてて砂に両手を突っ込んでこすり合わせた。でも、臭いはとれなかった。

俺、水死体と出くわす体験が多くてさ。いつもカガワさんという駐在さんに連絡をしていたんだ。

「カガワさん、大変だ」

「どうした?」

「また死体が上がってる」

あとはカガワさんに引き継ぐんだ。

俺は家に駆けこんで、風呂場で石鹼でゴシゴシ手を洗うんだけど、死体の臭いはなかなかとれなくて、おふくろによく叱られていた。

ピアノがやってきた

多感な時期に死んだ人をたくさん見ると、人生観が変わると思うな。運命というかさ。自然や戦争のような大きな流れには人は逆らえない。かなわないと知る。それを思うと、今の俺は生かされているというかさ。守られている気もするよ。

そんな戦時中に、俺は音楽と出合った。ある日、後に俺のおじさんと結婚するきれいな女性がうちに来て、おふくろのオルガンを演奏した。同じ楽器を弾いているのに、おふくろの演奏とはまったく違う響きだった。驚いたよ。俺の目は彼女の指の動きにくぎ付けになった。

「その曲、教えて」

聴くだけではがまんできなくなった俺は、彼女に頼んでいた。

「お願いだから教えて」

彼女から離れなかった。そして、教わったんだ。

あのときの俺の集中力はすごかったな。ほんの1時間半くらいで練習曲、バイエル74

番を弾けるようになってしまったんだ。

もう終戦が近づいていて、空襲も激化していたから、ほとんど外へ出られない。だから、家のなかでバイエルを何度も何度も弾いていた。あれが俺の音楽への目覚めだったのかもしれないな。

うちにあったのは、リード・オルガンという足踏み式の鍵盤楽器でさ。それも悪くはないけれど、毎日弾いていると、もの足りなさを感じてくるんだよ。ピアノがほしいなあー、と思うんだ。でも、戦争中にピアノを買ってほしいなんて言えないよな。

そんなある日、うちに突然中古のピアノがやってきた。俺が夢中になってオルガンを弾く姿を、親父もおふくろもずっと見ていたんだな。買ってくれたんだ。

俺はピアノに夢中になったよ。モーツァルトの「トルコ行進曲」やショパンの「英雄ポロネーズ」を毎日練習した。オルガンと同じ鍵盤楽器なのに、ピアノは音色も響きもまったく別ものだろ。楽しくて、うれしくて、弾き続けた。

1945年8月15日、日本はアメリカに降伏して、太平洋戦争が終結した。ラジオで玉音放送を聞いて、大人達が涙を流していたのを覚えている。

クロイツァーさんの「英雄ポロネーズ」

茅ヶ崎の家で暮らしているとき、3軒ほど隣の家からもピアノの音が聴こえていた。子どもの俺にもすごさがわかるほど素晴らしいんだ。学校帰りにその家の前にくると演奏する音が聴こえて、俺は足を止めた。塀に張り付くようにして聴いた。

ある日、俺はその家の前で演奏が始まるのをじっと待っていた。なかなかピアノの演奏が聴こえてこない。今日は演奏しないのかな、と思っていたら、外国人のおじさんが門から出てきた。

「君はここでなにをしている？」

おじさんが俺に聞いた。

「ピアノの演奏を待っています」

正直に答えたよ。

「来なさい」

「はい」

おじさんについて行った。

ああ、怒られるんだろうなあ、と思いながら、俺は言われるまま家の中に入っていった。

「ここで待っていなさい」

そう言って、おじさんは奥へ行ってしまった。

緊張してそこにいると奥から突然、バーン！　と、ものすごいピアノの音が響いたんだ。すさまじい「英雄ポロネーズ」だった。感激したよ。

あとで知ったけれど、外国人のおじさんは、ロシア出身で、主にドイツと日本で演奏したピアノの巨匠で指揮者のレオニード・クロイツァーさんだった。

どうりですごいわけだよ。クロイツァーさんは当時東京音楽学校（現東京藝術大学）で教授をしていたんだ。

でも、俺は子どもだから、近所の外国人のおじさんがそんなにすごい音楽家だとは知らないまま、ただ演奏に聴き入っていた。

すると、そこに今度は日本人のおばさんが現れたんだ。

「あなた、ここでなにをしているの？」

怒ったような表情で聞かれた。

「ピアノを聴かせてもらっています」

「あら、そうなの。でも、これ以上奥へ行ったらだめよ」

厳しく言われた。

そのおばさんは、クロイツァーさんの奥さんだった。ピアニストで国立音楽大学教授だったクロイツァー豊子さんだよ。


俺の第一作は「夜空の星」

クロイツァー夫妻に演奏を聴かせてもらって、お礼を言って帰ろうとすると、豊子さんに呼び止められた。

「あなた、ピアノが好きなのね？」

「はい」

「どこのうちの子？」

「近所の上原の家の息子です」

正直に答えた。

「あら、あのうちの」

豊子さんは納得したような顔をしていた。

とにかく、クロイツァーさんのピアノはすごくてさ。俺は興奮したまま家に帰って、おふくろに報告したよ。おふくろも感じるものがあったみたいで、俺にピアノを習わせようとした。

「ピアノを教えてもらえるように、クロイツァーさんにお願いしてみましょう」

そう言って、本当にクロイツァーさんにレッスンを頼んじゃってさ。もちろん断られたよ。

親父が激怒してさ。

「あんなすごい人にレッスンを頼むなんて失礼だ」

すごい剣幕だったよ。

まあ、怒るのはもっともなんだけどな。親父はレオニード・クロイツァーさんがいかにすごい人なのか、知っていただろうから。

それでも、クロイツァー家の人がピアノの先生を紹介してくれて、その人のレッスンを受けることになった。

だけど、ピアノの先生にとって、俺はまったく優等生ではなかったな。習うということが性に合わなかったんだ。

楽しくないから、課題を与えられてもまったくやっていかなかった。音楽は自主的にやりたかったんだ。だから、クロイツァーさんの演奏で感激した「英雄ポロネーズ」を弾けるようになったところでレッスンを受けるのをやめてしまった。

それでも、ピアノを演奏することは変わらず楽しかったからさ。家では好きな曲を演奏したり、作曲をしたりね。それはずっと続けていた。

あるとき、ピアノを夢中になって弾いていてね。ふと気づいたら、後ろに親父が立っていたんだ。

「その曲はなんという曲だ？」

そう聞かれた。

「これかい？　俺が自分でつくった曲だよ」

すると、嬉しかったみたいでさ。

「そうか！　俺はピアノコンチェルトが大好きなんだ。もっと勉強して、いつかピアノコンチェルトを書いてくれよ」

「ああ、いいよ」

かるい気持ちで引き受けた。そのときは、まさか親父が本気で言っているとは考えもしなかったんだ。あとで詳しく話すけれどさ。あのときの約束をまさかずっと後に果たさなくてはいけなくなるなんて、まったく考えなかった。

俺が弾いていた自作の曲のほうは、その後ずっと経って、1965年に岩谷時子さんが歌詞を書いてくれて、あの「夜空の星」になった。だから、「夜空の星」は俺の処女作なんだ。

「金《かね》！　金《かね》！　金《かね》！」。流れ星に願った

ピアノに夢中になってはいたけれど、勉強も猛烈に頑張っていた。志望校はいくつかあったけれど、そのなかでも慶應義塾高校へ進みたかった。自由な雰囲気を感じたからね。

中学3年生のころは学校にはあまり行かないで、国語、数学、英語と科目ごとに家庭教師についてもらっていた。朝は6時に起床して机に向かった。英語は一日に200の単語を暗記した。

英語は中学生のころから得意だった。アメリカン・スクールに通っている友だちが近所にたくさんいて、うちにしょっちゅう遊びに来ていてさ。ふだんから英語で会話をしていたんだ。

あいつらが「ユーはどう思う?」「ミーはさあ」とか言うから、「日本語と英語をミックスするな」なんて話をしていた。そんな俺は英語と日本語を使い分けながら、半々くらいで話していたな。

最初、俺は発音が正しくなかったらしくて、アメリカン・スクール組によく指摘された。

「ユーのアクセント、ちょっとおかしいよ」

そう言われる度に修正して、きれいな英語を話せるようになっていったんだ。

だから、俺が歌う英語詞はきれいだろ? 手前味噌になるけどさ。「マイ・ウェイ」を俺ほどきれいなアクセントで、英語詞で歌える日本人シンガーは、そんなにはいないはずだ。

中学生のころ、妹の友達でアメリカン・スクールに通う女の子と、夜、海岸で空を眺めていたことがあった。

そのとき、いくつも星が流れた。

流れ星が消えるまでの間に3回願いを言うと、思いがかなうって言うだろ? だから、二人でそれぞれ願いを叫んだ。

「金《かね》！　金《かね》！　金《かね》！」

俺は叫んだらしい。

彼女とは今も付き合いがあって、つい最近もそれを言うんだよ。あなた子どものときに「金！　金！　金！」ってお祈りしてたよね、って。

大人になって、俺にはものすごい負債を背負った時期もあった。でも、しっかり返済して乗り切ったからね。考えてみると、あのとき星に願ったのがよかったのかもしれないな。

自作のモーターボート

高校受験のときに勉強を教わった家庭教師の一人に東京商船大学（現東京海洋大学）の学生さんがいてね。数学を教わっていた。

その学生さんの家に行くと、図面があるんだよ。彼は船を設計する図面を描いていた。それを見よう見まねで覚えた。

幼いころの俺の夢は漁師になって船団を率いて漁猟に出ることだった。中学のころは大型船の船長になることを夢見ていた。船に対する思いが強かったんだ。

実際に図面を描いて、組み立て始めたら夢中になってさ。従弟と二人で、角材で船のフレームを組んで、厚さ5ミリの板を貼っていって、塗料を塗った。すき間はコールタールで埋めるのではなく、シーツを裂いて、塗料に浸けて貼った。苦労して手漕ぎボートを完成させた。たった1週間でね。わからないところは勘でやった。

一人乗りの設計だったけれど、3人乗っても沈まなかったよ。自分でもよくできたと思ったな。それが俺のつくった1号艇だ。その後中学から大学にかけてバージョンアップしながら8艇つくった。

大学生のころにはモーターボートもつくった。

「もしモーターボートの本体を造ったら、エンジンを買ってくれる?」

親父にねだってさ。

「ああ、いいよ」

親父はモーターボートを造るなんて無理だと思ったんだろうな。即答だった。それからすぐに京都のロケに行っちゃった。親父の不在の間に、俺はボートを完成させた。帰宅した親父は仰天していたよ。

「これはなんだ？」

「俺が造ったボートだよ」

「ウソはつくな」

親父は信じないんだ。

でも、そういう反応を俺は予想していたからね。つくる過程の写真をしっかり撮っておいた。それを見せたら、親父は信じるしかなかったよ。

本体ができたら、あとはエンジンを付ければいい。近所に米軍で働いている人がいて、基地で探してもらった。すると、あったんだ。厚木基地に中古を売りに出している人がいたんだよ。

さっそく親父と厚木に行った。

相手は強気でさ。

「25万円で売るよ」

そう言うんだ。昭和時代の25万円だから、いまよりもはるかに大金だよ。

「21万円にしてくれませんか？」

ねぎったけれど、相手はびた一文譲らない。

「ノー」

言い続ける。どうやらそのアメリカ兵のおじさん本人は、本当は25万円に固執していなかったんだ。でも、奥さんが高く売るようにけしかけていたらしいんだな。

親父は粘り強く交渉してさ。

「この中古エンジン、誰も買わなけりゃ、1円にもなりませんよ」

そんなふうに言ってくれた。何度もやり取りがあって、結局おたがいが歩み寄って、23万円で交渉は成立した。茅ヶ崎の家には体操場に使っていた建物があって、それを改造して艇庫にした。

野坂の500円ギター

家庭教師を3人もつけてもらって猛勉強していた成果で、俺は慶應高校に進学できた。

合格したときに家庭教師の一人がこう言ったんだ。

「高校入ったら女にもてててしょうがないだろうな」

今思うとほめてくれたのかもしれない。でも、俺は彼の言葉に心のなかで反発していた。硬派のつもりだったんだ。だから、慶應高校に入る前の春休みに五分刈りにして、卒業までその髪で通した。

高校ではスキー同好会に入った。そこでギターとの運命的な出合いがあったんだ。

1年生のときの冬休み、同好会の仲間20人くらいで長野県の石の湯へ出かけた。石の湯は志賀高原の奥。同好会の仲間の親に画家がいて、投資目的で買った山荘があった。だから、宿泊費はいらない。食事も自炊だからお金はほとんどかからないんだ。

雪深い山の中で、昼はスキーをしていても、夜は何もやることがないだろ。退屈していたら、野坂ってやつがアコースティック・ギターを持って来ていて、カントリー&ウエスタンを弾き語ったんだ。

俺、魅せられちゃってさ。

「教えてくれ！」

野坂に頼んで弾かせてもらった。

そのギターの状態がひどくてさ。野坂は誰かから500円で譲り受けたらしくて、ネックが反って、弦高がものすごく高い。弦とネックが離れてるから、すごく握力がいるんだ。しかも野坂のギターはスティール弦が張ってあって、硬いのなんの。でも、俺はギターを弾くのは初めてだろ。知識がないから、ギターというのはそういう難しい、力のいる楽器だと思ったんだ。

山を下りてからもしばらくは野坂から500円ギターを借りて弾いていた。苦労したよ。

そのうち自分のギターがほしくなって、新しいギターを買ったら、それはもちろんネックが反っていない。弦を押さえやすい。なんだ、握力が強くなくても演奏できるじゃないか、とわかった。そりゃそうだよな。

自分のギターを持ったら、うれしくてさ。家で毎日ジャカジャカジャカジャカ弾きまくっていた。小学生でピアノを手に入れたときと同じだよ。俺は夢中になり過ぎる性格だから、毎日毎日弾いていた。すぐにどんな曲でも弾けるようになったよ。

俺のお気に入りはカントリーだった。ハンク・ウィリアムスの曲とかね。それまでは親父の影響で、クラシックばかり聴いていたから、土の匂いのあるカントリーが俺の耳には新鮮に聴こえたのかもしれないな。

高校時代のスキー合宿では、久しぶりにピアノを弾く機会もあってさ。

合宿をやったのは新潟県妙高の赤倉観光ホテルだった。滞在中は地元の皆さんと一緒にパトロールをすると、ご褒美でリフトが無料になるんだよ。

その赤倉観光ホテルでピアノを見つけた。それがいいピアノなんだよ。俺、わくわくしちゃって。がまんできなくて、弾き始めたの。そのときは人の気配がなかったからさ。赤倉のパトロールもやっているし、俺も従業員みたいなものだ、と勝手に解釈してね。ガーン！　と、俺はショパンの「英雄ポロネーズ」を弾き始めた。そうしたら、一人、二人……と人が聴きにきて、大勢集まっちゃった。外国人もいたよ。さすがに、ちょっとまずいかな、とは思ったよ。でも楽しくて、やめられなくてさ。

そのうち、ホテルの支配人も来ちゃった。もう怒られる、やめさせられると思ったら、気に入られた。

「君、ピアノをちゃんと弾けるじゃないか」

「はい。ありがとうございます」

「そのまま弾いていいよ」

ホテルで一番偉い人のお墨つきで、その後は堂々と弾き続けた。弾き終えたら大拍手をしてもらえてさ。気持ちよかったなあー。赤倉観光ホテルにいる間は何度も演奏して、毎回拍手喝采だよ。

今思うと、ショパンの曲を演奏したのがよかったのかもしれない。ショパンって、ピアノの詩人って言われているよね。メロディが美しくて、しかもわかりやすい。誰もが気持ちよく聴ける。

人前で演奏する喜びを知ったのはあのときだったな。みんなに聴いてもらえる気持ちよさを体験した。赤倉観光ホテルでの夜が、俺のコンサート・ミュージシャンとしての第一歩だったかもしれないね。

俺は赤倉が好きだったから、よくスキーを滑りに行っていた。雪崩に遭って雪のなかに閉じ込められたこともあったな。

若いときは無茶をやるだろ。ゲレンデではなく山を越えながら滑っていた。その途中で崖から落っこちてね。そこに雪崩があって、埋まってしまったんだ。

俺は気が動転して、上を向いているのか、下を向いているのかわからなかった。そのとき、ひらめいて、よだれをたらしてみたんだ。唾液が落ちるほうが下だからさ。その逆に向かって雪をかけば、外に出られるかもしれないと考えた。万有引力の法則を利用したわけだ。

俺は上にかぶさる雪をバーンと蹴った。すると、意外にもかんたんに外へ出られた。ほっとしたよ。新雪の雪崩で軽かったのが幸運だった。けがもなかったから、また滑って、山を越えて泊まっていた赤倉温泉の宿に戻った。

「こんな時間までなにやってたんだい」

帰りが遅かったから、おふくろに叱られた。

「雪崩に遭っちまってさ」

そう言っても、おふくろは心配するでもなかったな。

「あんた、バカだね」

そう言われただけだった。雪崩がどんなに怖いか、わかっていなかったんだろうな。

俺はけがもなくて、いつも通りだったしな。

憧れのプレスリー

エレキを弾くようになったのは慶應義塾大学法学部に進んでから。仲間たちと、カントリー・クロップスというバンドを組んだんだ。バンド名は〝田舎で獲れたもの＝田舎者〟という意味だよ。最初は8人編成。やがて6人になった。俺はヴォーカルとサイド・ギターを担当して、ときどきピアノも弾いた。

カントリー・クロップスを始めたころはアメリカからエルヴィス・プレスリーが登場

した時期でさ。FEN（Far East Network、極東放送網）でよく歌が流れていた。

プレスリーの曲をやると、みんなが聴きに集まってくる。「トリート・ミー・ナイス」とか「ラヴ・ミー・テンダー」とかね。気分がよかったよ。なかでも「ハートブレイク・ホテル」はとくにかっこよかったな。かなわねえなあ、と感じた。歌い方が難しいんだよ。だから、この曲だけは自分ではやらないようにしていた。「監獄ロック」もやれなかったな。あの2曲は特別だった。

プレスリーはずっと経ってから、ラスベガスでコンサートを観た。終演後の楽屋に招待してくれたからカミさんと訪ねた。すごく長い時間、彼から延々と衣装を見せられたのは良い思い出だよ。

大学のときは、東海道線で通っていた。うちは両親とも俳優で、俺もバンドやサーフインやスキーを楽しんでいて華やかに見えたらしい。でも、親父はけっこう厳しかったから、クルマ通学なんてできない。電車内で押しくらまんじゅうをやっているみたいな東海道線で通学していた。

電車のなかではときどきからまれたよ。

「上原謙の家のボンボンが」

そんなふうに俺に聞こえるように言うやつもいてね。がまんの限界を超えたこともあった。からんでくるやつは途中の駅で引きずりおろしたよ。

「降りろ。この野郎」

藤沢駅で相手を降ろした。そのときは頭に来ているからさ、一発二発やってやろうと思っていた。

ところが意外な展開になった。ホームに降りた途端、相手が土下座してきたんだ。そいつはまさか殴り合いになるとは思わなくて、俺にからんできたらしい。学生時代の俺は、実際にボンボンに見えたからね。でも、けんかは嫌いじゃなかったんだ。心は硬派だったからさ。

家の近所で漁師18人と一触即発になったこともあった。親戚をクルマで送った帰りに、道をふさがれたんだ。俺が運転する前をぞろぞろとゆっくり歩いているから「どけ」と言った。でも、聞こえないふりをしている。クラクションを鳴らしたら、クルマのボディに蹴りを入れられた。

あのときはやばかったよ。漁師たちは氷を切るのこぎりを持っていた。そのとき、警察官が来た。やつらは蜘蛛の子を散らすように逃げていった。間一髪だったよな。そこに残った俺は警察官に連行されて、警察署で始末書を書かされた。当時の俺は若大将じゃなくて、バカ大将だったよな。

学生時代にバンドをやったり船をつくったりする資金は、自分で稼がなくちゃいけなかった。バイトをしなくちゃならなかった。だから、いろいろなところで演奏した。丸の内の東京會舘とか、湘南のホテルとかね。

ギャラは安かった。ひと晩で500円なんてことも珍しくなかった。一人分500円じゃないよ。6人で500円だ。交通費にもならないんだ。ただし、演奏後にたらふく食べさせてもらえた。好きなだけ飲食していいと言われたんだ。いくらでも食べられるころだからさ。そりゃあもう、死ぬほど食べたよ。

米軍キャンプにも呼ばれた。アメリカ人相手にプレスリーの曲をやると、当時は受けるんだな。俺の英語の発音もかなりよかったしね。

スキー場でも演奏した。冬休みには新潟県の岩原スキー場のロッジでバイトしたよ。宿泊客の前で毎晩演奏するんだ。昼は仕事がないから、ゲレンデで滑り放題だった。

雪山ではスキーのほかにやることはなんにもない。だから、毎日滑る。すると、どんどんうまくなる。俺は神奈川県の代表選手として国体の蔵王大会にも出場した。

峰岸慎一の説得で俳優に

大学時代はミュージシャンになろうとは思っていなかった。俳優になりたいとも思っていなかった。企業に就職してふつうの会社員になろうとしていたんだ。そのために準備もしていた。企業の資料も集めていたんだ。

ある日、友達が家に遊びに来て、入社するための企業案内を見つけた。その友達というのが、後に文化放送の社長になる峰岸慎一だった。

「これ、なんだ?」

峰岸に聞かれた。

「会社案内だよ。就職しようと思ってさ」

「就職?」

「うん。準備してんだ」

そう言ったら、峰岸は怒鳴りやがってさ。

「バカ野郎! お前は上原謙の息子だ。資産はないかもしれないけど、暖簾はある。その暖簾を使わない手はないだろう」

「暖簾ねえ……」

「そうだ。暖簾だ。親父さんの名前を使わない手はない」

「そんなもんかな」

「お前、船が好きだろ？」

そんな就職と関係なさそうな話をしてきた。

峰岸は説得がうまいんだ。

「そりゃ、大好きだよ」

「だったら一旗揚げて、自分で稼いで船をつくりゃいいじゃないか。ふつうの会社員として企業に就職したら、たぶん船を買うほどは稼げない」

その言葉で俺の気持ちは決まった。俳優になると決めたんだ。

峰岸ってやつは、なるほど、と思うようなことを言うんだよな。俺は俳優の道に進みたくなった。

さっそく親父に相談したよ。

「親父、俺、俳優をやろうと思うんだけど」

そう言ったら喜ぶかと思ったけれど、想定外の反応でさ。

「お父さんは反対だ」

きっぱり言われた。

「どうして?」

「こんなにプライバシーのない生活をするのは俺一人でたくさんだ」

そんなもっともらしいことを言うんだ。

ところが、そこにいたおふくろが俺に加勢して親父に言ってくれたんだ。

「あなた、プライバシーがないって言ったって、この子はそんなの乗り越えられるわよ。好きなことをやらせましょう」

説得してくれた。おふくろも俳優だったから、気持ちはわかるんだ。

俺の俳優志望を親父が反対するのには理由があった。ずっと経ってから知ったんだけどね。すでに、俺の映画会社入りの話があったらしい。松竹からオファーが来ていたんだな。でも、親父は断っていた。俺には言わなかったけどね。

だから、松竹にも頼みづらい。ほかの映画会社に俺を入れれば松竹に申し訳ない。そんな事情があったんだな。

そうしているうちに東宝の大プロデューサー、藤本真澄さんが俺を欲しがってくれた。

そんないきさつで、東宝に入ることになった。そのあたりも本人である俺の知らないところで決まっていったんだけどね。

複雑な気持ちはあったけれど、考えてみたらね、ずっと親父の恩恵をたくさん受けている。ありがたいと思っているよ。

第三章　俺の芸能生活、山あり谷あり

若大将と青大将

1960年、俺は東宝に入った。給料は5万円。電車に乗って成城にある東宝撮影所に通った。俺は、入社した年に三船敏郎さん主演の『男対男』でデビューして、『独立愚連隊西へ』で主演した。

このときに決めた芸名が「加山雄三」だよ。うちのおばあちゃんが占い師に相談してくれてさ。その占い師が10個くらい字画のいい名前を考えてくれた。そのなかから選んだんだ。

「〝加〟は加賀百万石から。〝山〟は日本一の富士山から。〝雄〟は英雄から。〝三〟は東宝の創業者の小林一三から」

東宝撮影所の柴山胖所長が記者たちに言ってくれた。いいこと言ってくれるなあー、さすがだなあー、と思ったよ。

入社した翌年、1961年からは「若大将」シリーズがスタートした。

発案はプロデューサーの藤本真澄さん。1930年代に松竹の映画で「若旦那」シリーズというのが6作あったんだ。そこからヒントをもらったんだな。若大将シリーズは毎作品俺がなにかスポーツをやるというプランでさ。なにがやれるか聞かれた。映画のなかで、実際にやんなきゃいけないからね。

「まず3本つくるぞ」

藤本さんに言われて、うんざりしたことを覚えているよ。

「3本もやるんですか?」

ちょっとふてくされた。

だって、そうだろ。シリーズ作品だからさ。同じ台詞ばかり毎回言わなきゃいけないんだからさ。

第1作の『大学の若大将』では水泳、2作目の『銀座の若大将』では拳闘、3作目の『日本一の若大将』ではマラソンをやった。

これで3作。でも、3つでは終わらなかった。若大将シリーズはヒットしたからね。全部で18本つくった。

若大将は俺。ライバルの青大将は田中邦衛さん。ヒロインは星由里子さん。途中から酒井和歌子さんに替わった。前にも話したザ・ランチャーズを結成したのもこの若大将シリーズがきっかけだった。映画の中で俺はスポーツもやったけれど、歌ったり演奏したりもしたよ。

青大将役の田中邦衛さんは、俺よりも5つ年上。最初に会ったときはびっくりしたよ。20代であの風貌だったからね。ところが撮影がスタートすると、素晴らしいんだ。なんともいえない味がある。邦衛さんのような俳優と一緒にやらせてもらえて、ありがたかったな。青大将がいたからこそ若大将がいた。今もそう思っているよ。

邦衛さんはふだんからユーモアがあってね。楽しいんだよ。撮影前に並んでメイクしてもらっているとき、鼻歌を歌っているんだ。自分の頬をピシャピシャ叩きながらさ。

「京都、大阪、三千里〜」

デューク・エイセスの「女ひとり」みたいな曲を歌うんだ。歌詞を勘違いしているんだな。

首をかしげて俺に聞く。

「おい、加山。この歌、おかしいよな？　京都から大阪まで３０００里もあったっけ？　そんな遠くないよな」

とふざけたことを言うんだよ。

「邦さん。その歌、京都、大原、その次は三千院ですよ!」

「あっ、そうか! どうりで変だと思ったよ」

ふだんからそんな感じだった。

昭和のころのテレビ番組には、生のドラマがあってさ。邦衛さんはNHKで炭鉱事故のドラマに出ていた。

坑道で爆発が起きて、死体が累々とあるなかを走って石炭会社のえらい人に報告に行く。そこでまた爆発が起きるんだけど、邦衛さんは同時におならをしてしまった。ブッ! て。もれちゃったんだな。でも生ドラマだろ。放屁で放送をストップするわけにはいかない。邦衛さんはそのまま台詞を言った。

「今の音、聞こえましたか?」

ほかの俳優は耐えられずに噴き出してさ。炭鉱事故の切羽詰まったシーンなのに、死体役の人まで笑っちゃって、台無しだよな。

若大将シリーズが18本も続いたのは邦衛さんのおかげだ。俳優としての俺のキャリアで、あの人と出会えたのは大きな財産だったな。

若大将シリーズの後、邦衛さんは『北の国から』で主演して、あのドラマはたくさん賞を獲っただろ。長く続いて、間違いなく日本のドラマ史の名作の一つになった。俺は自分のことのようにうれしかった。邦衛さんは評価されるべき、素晴らしい人だと思っていたからね。

黒澤明さんに言われた「テレビに殺されるなよ」

日本の映画界では、溝口健二監督、小津安二郎監督、黒澤明監督を三大巨匠というらしいね。そのなかで、小津さんと黒澤さんとは俺も接点があった。

小津さんはずっと茅ヶ崎に住んでいたんだ。親父と仲がよかったから、よくうちに遊びに来て酒を飲んでいた。でも親父は下戸だから、小津さんだけ酔っ払って、いつもなにを言っているかわからなくなる。よれよれで帰っていった。

黒澤作品では、俺は『椿三十郎』と『赤ひげ』の2作に出演した。どっちも主演は三船敏郎さんだった。

「台詞は覚えなくていいぞ」

黒澤さんにはいつも言われていた。

「監督、覚えなくちゃ出てこないですよ」

俺は言ったよ。もっともな反論だろ。黒澤さんの言うことが、あのころの俺には理解できなかった。

「思えば出てくるんだよ」

黒澤さんは言う。

もはや禅問答だ。大監督が言うんだから、そんなもんかな、と思いながらも台詞は覚えていった。

でも、キャリアを重ねていくうちにね。黒澤さんの言う意味がわかるようになってきたな。脚本は丸暗記すればいいというわけじゃない。黒澤さんは深い話をしてくれていたんだ。

黒澤さんは映画界でも世間的にも怖いイメージだけど、俺には優しかったよ。

東宝に入社して3年目、1962年公開の娯楽時代劇『椿三十郎』で、俺は城代の汚職をうったえる9人の若侍の一人、井坂伊織の役をやった。若侍がずらりと正座しているシーンで、平田昭彦さんが台詞にひっかかっちゃってさ。何度やっても監督のOKがでなかったんだ。

「違うんだよ。もう1回やろう」

黒澤さんが言い続けてさ。そのうち、俺、意識が遠のいていった。はっと気づいたら、目の前に助監督がいた。

「加山、お前、今居眠りしてただろ？」

図星だった。黒澤さんはすっと立ち上がってこっちへ歩いてきた。俺、殴られる覚悟をしたよ。すると、俺の顔をのぞきこんで聞いた。

「加山、眠いか？」

「はい。眠いです」

開き直るしかない。

すると、黒澤さんが休憩にしてくれたんだ。

「加山のために30分休憩！　外行って寝てこい！」

ほっとしたよ。若侍仲間たちには言われた。

「加山、よかったなあー」

「ひやひやしたよ」

「加山、お前だから怒られなかったんだよ。もし俺が居眠りしたら、大変なことになっていた」

東宝撮影所がある成城の街で黒澤さんとすれ違ったことがあってさ。

「おい、加山！」

呼び止められた。

「はい！」

立ち止まると、忠告された。

「テレビに殺されるなよ」

「はい！」

それだけのやりとりで、黒澤さん、にっこりと笑って歩いていった。

『椿三十郎』や『赤ひげ』を撮影しているころは、若大将シリーズが大人気でさ。テレビ番組によく呼ばれていたんだ。若大将シリーズでは歌もやる。「君といつまでも」も『エレキの若大将』で歌って、歌謡番組にも出演した。黒澤さんは、テレビタレントの色が付き過ぎると役者としてよくないと言ってくれたんだろうな。愛情を感じた、忘れられない出来事だよ。

そんな黒澤さんの心遣いがうれしくてさ。

月日が経って、黒澤組の皆さんをうちに招いて、手料理をふるまったこともある。みんな、ものすごく食べて、ものすごく飲むんだ。深夜になっても続いてさ。びっくりしたよ。

「まいったなあー、そろそろ帰ってくれないかなあー」

喉もとまで出かかった言葉を飲み込んだ。

結局朝方まで宴会が続いた。黒澤プロダクションのマネージャーでスクリプターだった野上照代さんに言われたよ。

「監督は人の家に長居することはないのよ。加山君のことがよっぽど好きなのね」

うれしかったな。

三船さんとの酒席

黒澤さん、三船敏郎さん、仲代達矢さん、『椿三十郎』の撮影現場は酒が強い人ばかりだった。俺は酒に弱いから大変だよ。あのころは、俺、若かったからさ。三船さんたちと接して、酒が強くないと世界的な俳優にはなれないと思い込んでいた。だから訓練だと思って、無理して飲んでいた。

『椿三十郎』のとき、三船さんは『価値ある男』というメキシコ映画の撮影もやっていた。日本人なのにメキシコ人の役なんだよ。そっちから帰国して御殿場のロケにやってきた。向こうで買ったすごく強いテキーラを持ってね。

それで、旅館で食事をするとき、俺にテキーラを勧めるんだ。

「加山、飲め！」

太いその声がさ、映画の椿三十郎のままなんだ。おっかない。当時の俺はほとんど下戸だったけれど、三船さんが勧める酒を断るわけにはいかない。

グラスに口を近づけただけで鼻を刺すような匂いでさ。

「これ、飲むんですか？」

「いいから飲め！」

しかたがなく三船さんに言われるままに飲んだら、喉が焼けるように強い。

「ウオー！」

俺、口から火を噴くかと思ったよ。

三船さんはぴんぴんしていてさ。

「加山、あとは持っていけ」

テキーラの瓶を押し付けられた。

「はい」

俺は言われるまま受け取ったよ。

「加山、行くぞ」

そう言って、旅館から外へ飲みに出てくんだ。

でも俺はテキーラで目がまわっちゃって、ついていかれない。旅館から出たら、もう誰の姿も見えなくて、よろよろしながら近くにある喫茶店に入った。そこで酔いを覚まそうとコーヒーを注文したんだ。

するとドーンとすごい音がしてさ。目の前に三船さんが倒れていたんだよ。どうも三船さんや黒澤組のスタッフも同じ店に来ていたらしい。

大変だ！　ってみんなで三船さんをかついで出ていっちゃった。嵐のようだったよ。

俺も付いていこうと思ったけれど、足腰が立たなくてさ。

「おーい、待ってくれ！」

叫んでも、誰も振り向いてくれないんだ。

外へ出たところで意識が遠のいた。

目が覚めたら、俺、土砂降りの雨の中でびしょびしょになって寝ていた。這うようにして旅館に帰ったよ。でも鍵がかかっていて入れない。停めてあったクルマの屋根を脚立代わりにして2階に上がって、鍵がかかっていない部屋の窓からやっと入ったよ。すぐに風呂場へ直行した。雨に濡れたままじゃ風邪をひくと思ったからね。ところが、バスタブにドボンと浸かったら水でさ。あわてて身体を拭いてがたがた震えながら自分の部屋に戻った。踏んだり蹴ったりだ。

翌朝は自力で起きられるはずなくてさ。助監督の声で目覚めた。

「加山君、加山君」

呼ばれたけれど身体は動かない。

「あと30分だけ眠らせてくれ」

懇願した。

「だめだよ」

「だって雨降りだよ。撮影は中止だよ」

「待機だ」

「頼むよ」

「じゃあ、30分だけだぞ。また起こしに来るからな」

あっという間に30分が経って、俺はやっとのことで起き上がって、浴衣のまま洗面所で歯を磨いた。するとそこから、食堂で待機している三船さんたちの姿が見えた。

驚いたよ。三船さんも仲代さんも、侍の衣装で髷を結って、きっちり準備ができていた。昨夜の騒ぎなんてなにもなかったようにね。

あの人たち、化け物だよ。プロ意識の高さには学ぶことは多かったな。

椿三十郎の往復ビンタ

『椿三十郎』の若侍には邦衛さんもいた。撮影中に腹が減ってさ。二人で抜け出してうどんを食べに行ったことがある。

次の撮影は三船さんと若侍のシーンでさ。三十郎役の三船さんが若侍を平手打ちすることになっていたんだ。

そういうシーンは、ふつうはほんとうには殴らない。すれすれで当てない。そりゃそうだよな。

ところが、三船さん、役に入りきっていたんだな。鼻息荒く現れた。

「てめえたちのおかげで、とんだ殺生をしたぜ」

そう台詞を言うやいなや、振り向きざま、バン！　バン！　って俺に本気で往復ビンタした。邦衛さんにも一発いった。俺たち、ぶっ飛んだよ。

「本気でやるなよ！」

心のなかで叫んだ。

『椿三十郎』のあのシーン、観てくれよ。若侍役はびっくりした顔しているから。あれはほんとうに驚いている。邦衛さんは泣きそうな顔になっていた。

でもね、俺が小型船舶の国家資格を取れたのは三船さんのおかげでもある。

『赤ひげ』の撮影をしているころ、横浜で小型船舶のライセンスの試験があった。当時、横浜での試験は1年に4回。その試験のためにずっと勉強をしてきた。1回機会を逃すと、3か月待たなくてはいけない。国家試験だから、どうすることもできないんだ。

あの時期は、初代の光進丸ができあがるときだった。やっぱりさ。自分の船ができたら操縦したいだろ。

でも、撮影がある。一日休みがほしい。黒澤さんには言い出せずにいた。

そのときアイディアが浮かんだ。主演の三船さんと一緒ならば黒澤さんは休むことを認めると思ったんだ。

主演の三船さんがいなければ、撮影は進まないからね。

「一緒に小型船舶の資格を取りませんか？」

さっそく三船さんを誘った。

「なんでだ？」

三船さんは怪訝な顔をしている。そりゃそうだよな。三船さんには急いで船のライセンスを取る理由はない。

俺は正直に打ち明けた。

「どうしても資格試験を受けたいんです。黒澤監督は三船さんと一緒なら休ませてくれるかもしれません」

「そういう理由か。わかった」

すぐに理解してくれた。おおらかな人なんだよ。

次に黒澤さんのところへ行った。

「監督、一日休みをいただけませんか？」

「なんで？」

「小型船舶の試験を受けたいんです」

「小型船舶？」

「はい。三船さんも取るらしくて、一緒に試験を受けます」

「そうか。わかった」

三船さんと一緒ならしかたがないと、黒澤さんは認めてくれた。

二人で試験を受けて、二人とも合格したよ。

あのときの三船さんには驚かされた。そんなに勉強していたとも思えず、しかも試験時間の半分くらいで答案を提出して、部屋を出ていった。それでも合格してしまったんだ。

あとで試験場の人に聞いたら、三船さんはすべての設問に対して1行か2行で回答したらしい。だから、時間がいらなかったんだな。でも合格したわけだから、要点は押さえていたのだろう。

三船さんはすでにモーターボートを操縦する資格は持っていた。1958年の狩野川台風で都内の川も氾濫して成城が洪水の被害に遭ったときには、家屋に取り残された近隣の住民をモーターボートで救出したこともあったんだ。しかも、報道にならないように公表を止めた。立派だよな。台風のときのこともあって、小型船舶の資格も必要だと考えていたのかもしれない。

三船さんが亡くなったのは1997年。ああいう豪快な映画俳優がいなくなると、一つの時代が終わったように感じたな。

ノーキー・エドワーズからもらったモズライト

1960年代には、ミュージシャンの俺にとっても重要な出会いがあった。

1962年にはベンチャーズが日本に来た。あのバンドは元々アメリカで人気のバンドだったけど、日本でも人気に火がついたんだよ。とくに文化放送はくり返し彼らの曲を流していた。「ウォーク・ドント・ラン」「ダイヤモンド・ヘッド」「パイプライン」「キャラバン」……。大エレキ・ブームになった。

1965年の2度目の来日のときはフジテレビの『スターの広場』で初共演。文化放送を通してオファーが来たんだ。

ベンチャーズと俺たちのランチャーズ。意気投合したんだ。ベンチャーズのギタリスト、ノーキー・エドワーズはギターをプレゼントしてくれた。今も俺が愛用しているモズライトのギターだよ。しかも3本も。うれしかったなあー。神様からのご褒美だと思った。

モズライトは、元々アメリカのカリフォルニアに本社があったメーカーでさ。ノーキーが弾いていたことで、日本でも人気に火がついた。出力が大きくて、トレモロアームで音を歪ませられるギターでさ。ノーキーは通常よりも細い弦を張っている。軟らかくて、音をさらに歪ませられるんだよ。

日本では、俺のほかに寺内タケシ君もモズライトを弾いて、人気が定着した。『エレキの若大将』では寺内君のバンド、ブルージーンズと俺が共演している。

あれから60年近く経って、２０２４年の春には茅ヶ崎に俺のモニュメントが建つ。銅像だよ。

茅ヶ崎の商工会議所がクラウドファンディングでお金を集めたら目標額の１５００万円を超えてもまだお金が集まったらしい。しかも茅ヶ崎市民だけじゃなくて、全国からだよ。ありがたいね。そのモニュメントの俺もモズライトのギターを持って立っている。俺のアイコンみたいなギターだよな。

ビートルズとのすき焼きパーティー

1966年にはビートルズが日本にやってきた。俺は赤坂の東京ヒルトンホテル（現ザ・キャピトルホテル東急）に滞在する彼らを訪ねた。ホテルのまわりをファンが囲んでいるから、彼らはほとんど軟禁状態。退屈でしかたがないという感じだったな。

話すのはもっぱらジョン・レノンとポール・マッカートニー。ジョージ・ハリスンとリンゴ・スターはわりと静かだった。

「君はどんな食事をしているの？」

「日本食も食べるけれど、ステーキのときもあるよ」

「僕たちと同じだな」

そんな会話を交わした。

「一緒にすき焼きを食べよう」

そう言ったのはジョン。

とはいえ、ホテルの周囲はファンに囲まれている。すき焼き屋に行くわけにはいかない。ルーム・サービスですき焼きを注文した。

すると、ジョンが妙なことをするんだ。椅子をどかして、正座してテーブルに顎を乗せてすき焼きを食べ始めたんだ。

「なんでそんなことをするんだ？」

聞くと、妙な答えが返ってきた。

「日本式の食べ方で、日本人の気持ちを味わっているんだよ」

勘違いをしているんだな。

「日本人はそんな食べ方はしない。行儀が悪いからやめなよ」

そう忠告しても、聞く耳を持たない。

言っても無駄なので、好きにさせたよ。そんなふうに、ビートルズの４人とすき焼きを食べた。俺の曲を聴きながらね。

この２０１０年代以降、ポールが何度も来日しているだろ。家族みんなでコンサートを観に行った。バックヤードでポールに会うチャンスがあって、一緒にすき焼きを食べたことを話したら、彼も覚えていたよ。うれしかったな。

「私はペリー・コモです」

１９７０年代に会ったアメリカのシンガー、ペリー・コモも印象的だったな。

東京でコンサートを観て楽屋で対面して、釣りの話で盛り上がった。2日後、彼は熱海に行くという。ホテルでショーをやるらしい。そこで、釣りに誘ったんだ。彼、喜んでさ。オフ日に当たる日、熱海の隣の網代港で会う約束をした。

当日、俺は光進丸で網代へ向かった。海からマリーナに近づくと、ペリー・コモらしき人影があってさ。

さらに近づくと彼は青いジャンパーを着ていて、そこにくっきりと文字が書かれていた。

「私はペリー・コモです」

日本語で書いてあるんだよ。そんなことしなくてもわかるよな。光進丸に彼も乗船して釣りに興じた。

やがて彼が俺を呼んだ。

「ユウゾウ、餌が釣れたぞ！」

そう言って彼が釣り上げたのはまあまあのサイズのキスだった。天ぷら屋のキスは、どちらかというと小ぶりだろ。あれは小さいのを選んで揚げているんだ。相模湾ではもっと大きなキスが釣れる。

「これは餌かい？」

俺が聞いた。

「餌だ」

コモは断言した。

あの日、キスはけっこう釣れてさ。塩焼きや天ぷらにしてふるまった。みんなご機嫌だったよ。

その後、今度は彼のフロリダの家に招かれてね。マイアミとフォートローダーデールの間、バル・ハーバーのあたりかな。教えられた住所に着くと、家の前の道を掃除しているオジサンがいてね。よく見ると、ペリー・コモだった。

「あっ、ユウゾウ！　こっちへ来いよ」

言われるまま付いていくと家屋を通り抜けて、広い庭を抜けて、海へ出た。そこには、75フィート（約22・86メートル）の船が横付けされていた。

「すげえなあー！」

船好きの俺が喜んでいると、またペリー・コモに呼ばれた。

「ユウゾウ、乗れ」

すると、船のなかにでっかいクーラーボックスがある。

「開けてみろ」

ペリー・コモに言われるまま開いたら、人間の男の身長ほどもある魚が入っていた。バラクーダだった。別名はオニカマス。カマス科で一番大きな魚だよ。

「ユウゾウ、『This is fish!』」

誇らしげに言うんだ。

「熱海で釣った、あれは餌だ」

そうも言った。熱海沖のキスは魚とは認められないらしい。それでもおいしそうに食べていたけれどね。

こんなにでかい魚はうまくないだろうな、と思ったけれど、言わないでおいた。どうやら釣った魚は記念写真を撮るだけらしい。

ペリー・コモは愉快な人だったな。

多重録音にチャレンジ

大学を卒業して東宝に入ったころから、本格的に楽曲づくりを始めた。若大将シリーズで歌い演奏する機会が増えた。ランチャーズも結成した。

俺には学生のころから秘密兵器があった。ワイヤー・レコーダー、正式名称は鋼線式磁気録音機だよ。

1950年代はテープ・レコーダーがまだ普及されていなかったけれど、親父がアメリカのイリノイ州にあった電機メーカー、ウェブスター・シカゴ社のワイヤー・レコーダーを持っていて、俺にも使わせてくれたんだ。メロディがふと浮かんだり、鼻歌を歌ったりしたら、ワイヤー・レコーダーで録音していた。

大学時代にはテープ・レコーダーを手に入れた。テープ・レコーダーを2台使うと多重録音ができる。ギターを2本重ねたり、一人でコーラスをつくったり。楽しくてしかたがなかったな。

多重録音のヒントになったのは、親父が持っていたレス・ポール&メリー・フォードのレコードだよ。

レス・ポールはアメリカ人のギタリストで、カントリーやジャズのレジェンド。彼は発明家でもあって、今も世界中のギタリストが愛用しているギブソンのレスポールは彼がつくったんだ。メリー・フォードはその妻でシンガーでね。夫婦のデュオで「ハウ・

ハイ・ザ・ムーン」が大ヒットした。

この夫妻のレコードは、二人だけなのに、ギターも歌も何人もいるみたいに聴こえた。今ではオーバー・ダブなんて当たり前だけど、当時の俺はびっくりだよ。だって、二人なのに、バンドみたいに聴こえるんだ。

そのレコードを聴いて、俺は研究に研究を重ねてさ。作曲をしていたんだ。そうやって大学生のころまでにワイヤー・レコーダーやテープ・レコーダーに録音した音を譜面に起こしていった。録音した音を再生して譜面に起こす技術は問題なかったよ。中学生のころ、クロイツァー豊子さんに紹介してもらったピアノの先生から教わったからね。

ただ、楽曲制作において俺には弱点があった。歌詞だよ。若いころから作詞がどうも苦手なんだ。だから、学生時代までにつくった曲のほとんどは英語詞だった。英語ならちょっと変でも洋楽みたいでかっこよく聴こえるだろ。

ただし、プロとしてレコーディングして発売するには日本語詞が必要だった。それで出会ったのが作詞家の岩谷時子さんだよ。

「幸せだなあ」

音楽制作において俺にもっとも脂が乗っていたのは1965年かもしれない。次々とレコーディングをした。「君といつまでも」「夜空の星」「ブラック・サンド・ビーチ」「お嫁においで」「旅人よ」……。いくらでも曲ができたころだよ。「君といつまでも」はトータルで350万枚も売れた。インストゥルメンタルのロック「ブラック・サンド・ビーチ」はベンチャーズも気に入ってカバーしてくれた。

こうした曲のなかで歌詞のある作品のほとんどを岩谷時子さんが詞を書いてくれた。岩谷さんは小柄でやさしい人でさ。怒った姿なんて想像もできない女性なんだ。すごい作詞家だったよ。俺がピアノでメロディを演奏すると、すぐに歌詞を書いてくれる。

「こんな感じでいいかしら?」

聴こえるか聴こえないかの小声で言うんだ。歌詞を見ると、いつだって素晴らしいんだよ。

「いいかしらって、岩谷さん、そんな、もう、すごい歌詞ですよ」

毎回びっくりするほどだった。

映画『エレキの若大将』のなかで歌って大ヒットした「君といつまでも」は、間奏部で台詞があるだろ？　あそこは、最初はなかった。大阪の毎日放送にあったレコーディングのスタジオで生まれたんだ。

スタジオに入って、俺はまず既に録音されていたオケ（歌の入っていない演奏だけの録音）を聴いて感激した。作曲家で編曲家の森岡賢一郎さんがアレンジしてくれたあの曲のオケを聴いたら、素晴らしくてさ。俺、もう、うれしくてさ。思わず言ったんだよ。

「幸せだなあー」

感激して本心が言葉になったんだ。

それに岩谷さんやディレクターが反応した。

「今の加山さんの言葉を入れましょう」

そう言って、間奏部の台詞になったんだ。

『エレキの若大将』では、星由里子さんと日光の中禅寺湖のほとりを歩きながら、当時新曲の「君といつまでも」を歌うシーンがある。

本来ロマンティックなシーンなんだけど、俺、露骨に不機嫌な顔をしているだろ？　投げやりでさ。大切な台詞なのに棒読みしている。

あのシーンはおかしいよ。不自然に場面が展開していく。できたての曲をヒロインに捧げる設定なのに、途中から星由里子さんも一緒に歌う。あり得ないデュエットになる。俺は納得できなかったんだ。岩内克己監督は「映画だからいいんだよ！」と言ってたけどね。

岩谷時子さんなしに今の俺はない

1970年代の「海　その愛」は、俺は山のイメージでメロディを書いた。最初は親父に聴かせたんだ。そうしたら、海の曲に聴こえる、って言うんだよ。

「俺は山の歌にしたいんだ」

そう言っても、親父の意見は変わらなかった。

「そうか。でも、やっぱり海の曲に聴こえる」

そんな会話を親父と交わしたことは言わずに、岩谷さんにもメロディを聴いてもらった。すると、親父と同じ反応だった。

「海の歌にしていいかしら？」

いつもの小さな声で言った。岩谷さんが海だと思うなら、海の歌にしようと納得したよ。岩谷さんは俺が書いたメロディから海の歌詞を書いてくれた。

その歌詞を読んで、今度は俺が刺激されてさ。メロディを修正した。それでレコーディングしたのが「海　その愛」だよ。あの曲は岩谷さんと作曲家の弾厚作としての俺が触発し合って完成させた共作といっていいだろうな。

岩谷さんはずっと日比谷の帝国ホテルで暮らしていた。何度かカミさんと二人で会いに行って、一緒に食事をした。

「何を食べましょうか?」

岩谷さんに好みを聞くだろ。でも、いつも希望は言わない。

「なんでもいいわ」

小さい声で言う。なにを話しても「そうね」とおっしゃる。

岩谷さんが体調を崩されて病院に入っていたときには、隣の病室にはその後38歳という若さで急性骨髄性白血病で亡くなられた、シンガーで女優の本田美奈子．さんも入院していた。

岩谷さんと本田さんは仲よしでさ。本田さん主演の舞台、ブロードウェイ・ミュージカル『ミス・サイゴン』の訳詞を岩谷さんが手がけられていたんじゃないかな。

「本田美奈子．さんにも会っていってくださらない?」

岩谷さんに誘われて、本田さんの部屋を訪ねたこともある。そういうところ、岩谷さんはほんとうにやさしいんだ。

岩谷さんが亡くなられたのは2013年。97歳。肺炎だった。静かな人が静かに旅立った。

2017年に、俺は岩谷時子賞を受賞した。光栄だよ。名誉だ。岩谷さんなしに今の俺はないからね。俺の代表曲のほとんどは、彼女がいなかったら、絶対にありえなかった。

カミさんが編んでくれた腹巻

活発にレコーディングを行った1965年は、プライベートでも出会いがあった。『エレキの若大将』で、カミさん（松本めぐみ）と共演したんだ。

あの映画の俺の役はエレキバンドのギタリストでヴォーカリスト。大学ではアメリカン・フットボール部の部員。ライバルの青大将はもちろん田中邦衛さん。ヒロイン役は星由里子さんだった。

10歳年下のカミさんはガールズ・バンドのドラマーの役でさ。エレキ合戦で、俺と邦衛さんがいるバンドと対決する。

ある日、撮影で彼女の隣に座った。

「芸能界は悪いやつばかりで、誘惑が多いから、気をつけたほうがいいよ」

そんな忠告をしたんだ。

でも忠告した俺が、一番手が早かった。まんまと彼女と交際するようになった。

カミさんとの結婚を意識したのは、一緒に海へ出たときだった。あの日は海が時化ていたんだ。こりゃまずい、と思ってマリーナでスタンバイしたままでいた。

すると、彼女がけろっと言うんだよ。

「どうして船出さないの?」

不思議そうな顔をしている。

「海が荒れているんだよ」

そう言っても、彼女は平気な顔をしている。

「いいじゃない。おもしろいじゃない」

そんなこと言うんだ。

「この野郎」

そう言いそうになった。だって、ちょっと生意気だろ？

「後悔するなよ」

そう思って、船を出した。

案の定、湾から出ると大時化でさ。波がドカーンと船を襲ってゆらゆら揺れた。

ふと気づくと、彼女の姿が見えない。船室に避難したらしい。船酔いで具合が悪くなったと思った。

しばらくして、さすがに放っておけないと思って、船室を見に行ったんだ。そうしたら、彼女は大揺れする船で編み物をやっていた。

大時化で揺れ続けている船のなかで編み物だぜ。びっくりしたよ。半端ない女だな、と思った。船室は船底にあった。そんなところで、編み物なんて。俺には無理だ。

あのときに決めたんだ。彼女を嫁さんにするってさ。

俺はもう彼女に夢中だった。やさしい女性でさ。彼女のすべてに惚れた。

雑誌のインタビューで、加山さん、モテたでしょ？　って今も言ってもらうことがある。でも、実際にはそんなことはなかった。俺がモテたのは映画のなかだけだよ。

彼女が編んでいたのは、俺にプレゼントする腹巻だった。俺は小さいころから腹が弱かったからね。心配した親父の判断で田園調布から茅ヶ崎に引っ越したくらいだからさ。

俺の腹の不調を案じて、彼女は腹巻を編んでくれていた。

俺はいつも彼女の手編みの腹巻をしていたよ。腹巻って便利なんだぜ。中にたばこやライターをはさめてさ。

結婚してからは、腹巻して、おんぶ紐をして息子を背負って船に乗っていた。不評だったけれどな。

「加山さん、おんぶ紐に腹巻にたばこはやめてよ。イメージが壊れるからさ」

そんなことをよく言われた。

あの腹巻は今も大切にしまってある。

負債23億円とローマでのプロポーズ

東宝に入ってしばらくは、仕事もプライベートも順風満帆だった。

ところが、人生は山があれば谷もある。1970年に俺は想像もしていなかった状況で大借金を背負うことになった。茅ヶ崎の湘南海岸沿いでおじが経営していたパシフィックホテル（パシフィックホテル茅ヶ崎）が倒産したんだ。おじは行方がわからなくなって、書類上共同経営者になっていた俺に借金がまわってきた。負債は23億円。今の価値なら、50億円以上になる計算だ。

1965年に創業したパシフィックホテルはプールやボウリング場があるエンタテインメント施設でもあった。ところがその経営が立ち行かなくなったんだ。

借金の取り立てがすごくて、もう大変だった。芸能界での俺のイメージも悪くなる一方でさ。仕事は激減だ。

マスコミの取材攻勢もすごくなって、俺はロサンゼルスへ避難した。負債を背負っているわけだから、贅沢なんてできない。家賃1週間64ドルの安いアパートを借りて住んだ。苦しかったよ。

俺の最大のピンチのときに救いになってくれたのもカミさんだった。当時はまだ結婚していなかったけれど、俺が莫大な借金を背負っても、メディアに悪く書かれても、まったく態度を変えなかった。

「大丈夫？」

一度だけ聞かれた。

「大丈夫だよ。俺、頑張るからさ」

「よかった」

借金についてはその程度の会話しかしなかったと思う。カミさんは10代で父親を失っていて、ずっと強く生きてきた。肝が据わっているんだな。

ロサンゼルスでさ。俺、心細いだろ。寂しくて、日本にいるカミさんに電話した。そうしたら、彼女、イタリアへ旅行に行くって言うんだ。

「えー！　どこ行くの？」

「ローマ」

「なんでだよ。俺もそっち行くよ！」

思わずそう言った。彼女一人じゃ危ないし、俺は大ピンチのときで、会いたくてがまんできなくてさ。ローマに行くことにした。

ローマに着いたら、コロッセオ横の凱旋門で会おうと、彼女とは約束していたんだ。ところが、すぐには会えなかった。実はローマは凱旋門だらけ。俺をただの観光客と間違えたタクシーの運転手が、あちこち他の凱旋門に連れ回したんだ。ドライバーはイタリア語しか話せない。俺は日本語と英語がごちゃまぜ。大変な道中だったよ。

あのときの彼女との再会は一生忘れない。待ち合わせ時間から三時間近く過ぎていた。

不安だったんだろうな。やっと俺を見つけて駆けてきた。ほっとしたんだろうな。泣きそうな顔でさ。俺もうれしくて、かたく抱きしめた。

俺は8ミリのカメラを回してたから、彼女の表情は今もきれいに残っている。映画でもあそこまでドラマティックには撮れないよ。

あの夜に俺、プロポーズしたんだ。

失われていったおふくろの鼓動

俺たちはロサンゼルスで式を挙げて、まもなく帰国した。

正直なことを言うと、アメリカにずっといて仕事をしていこうという考えも、ちょっと頭をよぎったよ。日本では負債を背負った厳しい現実が待っていたからね。でも、その判断は間違っている気がした。日本に戻って、負債とも、メディアとも、正々堂々と戦って解決しなくちゃいけないと思ったんだよ。

帰国したときの結婚発表の記者会見はさんざんだった。めでたいはずの発表なのに借金の質問ばかりでさ。

「もう一度やり直して、頑張ります」

そう言っても、メディアは納得しない。容赦なく罵倒してくる。

「甘い！　甘い！」「加山雄三結婚事件！」

そんなふうに叫ばれてさ。ひどいもんだったよ。

試練っていうのは重なるんだよな。その年におふくろが旅立った。まだ52歳。早かったよな。子宮頸がんだった。

この年、おふくろは腎臓を悪くしていた。スキー場で滑っていて、外国人と衝突したときに腎臓を損傷して治療を受けていた。それが原因で片方の腎臓が機能停止、疲れると腎盂炎を起こすようになった。その治療に専念していたから、ほかのところは油断してた。それで、気づかないうちに子宮頸がんが進行してしまったんだ。見つかったときは手遅れだった。

おふくろは俳優の仕事を辞めてから美容体操の講師をやっていてね。俳優時代のおふくろの芸名をつけた「小桜葉子整美体操教室」を経営していた。

最期は病院に体操の生徒さんたちが集まってくれて、みんなに見送られて永眠した。

あのときに俺はおふくろの胸に聴診器をあてて、心臓の動きを聴いた。

人の心臓はどういうふうに止まるか知っているかい？　瞬間的にピタッと止まるんじ

ゃないんだよ。

トントンと動いていて、その鼓動がだんだんだんだんだんだん遠くなっていくんだ。小さくなっていったな、と思うと消えていく。

やがてまったく聴こえなくなってしまうと手が硬直している。

「今亡くなりました」

俺が言うと、病室にいたみんなが泣き崩れた。涙顔でぐしゃぐしゃになってさ。

「お世話になりました」

俺は皆さんに頭を下げた。

一つの卵を夫婦で分けた

あのころは、ほんとうに苦しかった。

借金を背負った上に仕事が減って、税金も払えないだろ。クラブやキャバレーで歌っていたけれど、手に入ったお金は税務署に行ってしまう。

食べるものがなくて、一つの卵をカミさんと分けて卵かけご飯を食べていた。新婚なのに、カミさんはなに一つ不満をもらさずについてきてくれた。ありがたかったな。あのときの卵かけご飯はおいしかったよ。

収入はみんな持っていかれちゃう。働いても働いても、生活はちっとも楽にならない。ご飯も食べられない。これじゃあ飢え死にしちゃうというんで、国税局に何度もお願いに行ったよ。

「最低限の生活ができるだけ、収入を認めてください」

「食べられなくて死んだら、税金も払えなくなります」

何度もうったえた。でも、なかなか認めてもらえないんだ。

「死ねば保険が下りますよね」

なんてさ、耳を疑うようなことも言われたよ。それでも頼みに頼んで収入の30％はやっと認めてもらえるようになった。あれでずいぶん助かった。

圧雪車に轢かれた

1970年代は、命の危機もあった。圧雪車に轢かれたんだ。

正月に北海道の留寿都村にあるルスツリゾートへ行ったときだった。カイトをやっていてね。いわゆる、スキーグライダーだよ。あれはでかいから、リフトには乗れない。

それで、ピステンブーリーっていう圧雪車に8メートルのロープをつないで、引っ張って上げてもらったんだ。

山の上に着いてロープをほどいたら、約6・5トンの圧雪車が下がってきて乗っかられた。

「ピステン故障！　ピステン故障！」

無線で緊急事態を麓に告げたらしいけれど、そのときはもう間に合わなかった。

圧雪車に襲われたときとっさに体を回転させて避けようとしたけれど、斜め下向きになったまま乗っかられて、左肩甲骨が骨折、肋骨4本がひび、左足の大転子《だいてんし》も損傷した。

麓からカミさんたちが駆け付けたときは、救出されているさなかだった。

「俺左半身やられたからよ！　左側は気をつけてくれよ！」

叫んでいたんだ。

「大丈夫？」

カミさんは心配してくれていたけれど、俺はまだピンチでさ。痛さは感じなかったけれど、とにかく重い。

「大丈夫じゃねえから言ってるんだよ」

俺もかなり気が動転していたんだろう。緊急事態とはいえ、偉そうに言ってしまった。反省しているよ。

6・5トンの鉄のかたまりが乗ったら、ふつうは内臓がつぶれてしまう。でも、雪とキャタピラがクッションになってくれた。それでも肋骨をやられて、鎖骨も折れた。入院は1か月。その時は手術をしないで、俺の自前の治癒力で治したんだよ。

圧雪車に轢かれたときの傷は今も残っている。俺の脚にすっと細い傷跡がある。

傷を見ると思うよ。

「俺は生かされている」

命の危機は何度もあった。でも、今もこうして生きている。ピンチになったとき、俺はいろいろ対策を講じたよ。ああしろこうしろと周囲に指示もした。でも、言ったとおりになんてなってはいない。なのに、結果的にはいいところに着地できている。生かされているんだ。すべてに感謝するしかないよな。

紅白で〝仮面ライダー事件〟

大借金の原因になったパシフィックホテルには買い手がついた。17億円で買収されたんだ。ほっとしたよ。でも、まだ6億円も返済があったけれどね。それはこつこつと働いて返していくしかない。覚悟は決めていたよ。

俺のキャリアで一番苦しい戦いをしていたのは1970年代の前半だったと思う。1975年あたりからは、少しずつ潮目が変わってきた。中学生のころ、俺が流れ星に向かって「金！　金！　金！」って願ったことは話しただろ。あの願いがかなったのかもしれないな。

田中邦衛さんや地井武男君と共演して俺が主役をやったドラマ『江戸の旋風《かぜ》』がスタートしたのもこのころだった。あのドラマは第4シリーズまでつくった。今と違って1シリーズが1年だったからずいぶんやったよ。『新・江戸の旋風』も1年近くやって、スペシャルもつくった。仕事がだんだん忙しくなっていった。

映画では、黒澤明監督の『椿三十郎』や『赤ひげ』で助監督をやっていた森谷司郎監督の大作『八甲田山』にも出演した。若大将シリーズはもう終わっていたけれど、池袋の映画館でリバイバル上映したら、当時の若い人の間でブームになってさ。一作一作一所懸命仕事をしてきてよかったと思ったよ。

音楽のほうは、TBSのドラマ『ぼくの妹に』の主題歌「ぼくの妹に」がヒットした。

作詞は岩谷時子さん。作曲は俺。コンサートにもお客さんが戻ってきて、この歌で9年ぶりに『NHK紅白歌合戦』にも出場した。

あの年から紅白で7年連続で歌って、1986年からは3年続けて白組のキャプテンをやった。

その1986年のとき、俺は失敗しちまった。これは有名な話だけどさ。あの年が初出場で、白組のトップバッターで歌った少年隊の曲「仮面舞踏会」を「仮面ライダー」って紹介してしまったんだ。

「白組のトップバッターは少年隊。おい、張り切っていこうぜ！　紅白初出場。少年隊。『仮面ライダー』です」

堂々と言った。

1986年の紅白には小林旭君が出場していてさ。

「違うだろ。仮面ライダーじゃない。『仮面舞踏会』だろ」

彼がそばにきて、俺に教えたんだよ。

「俺、仮面ライダーって言った？」

「言ったよ」

俺は自分が間違えたことをすぐには気づかなかったからさ。旭君は同世代だろ。１９６０年代からの仲間だから言ってくれたんだ。ほかの出場歌手はみんなずっと年下だから、俺の間違いに気づいても言えなかったんだよ。

「おい、こういうときはどんな顔をしたらいいんだ？」

彼に聞いてみた。

「そんなの知るかよ」

突き放すように言われたけれど、そりゃそうだよな。彼もあきれたと思うよ。

とにかく、俺、複雑な表情をしてたんじゃないかな。

少年隊には申し訳ないことをした。でも、生放送で言ってしまったことは取り返せない。これもエンタテインメントの一つだと、自分に言い聞かせた。

あの紅白の本番前、リハーサルでは冗談で話していたんだ。

「『仮面舞踏会』を仮面ライダーって言っちゃったらまずいよな」

みんなで言っていた。そのことが、俺の頭のどこかにあったんだよな。それが本番で出てきちゃった。

俺は曲のタイトルを紹介したタイミングで「仮面舞踏会」のイントロが流れると思い

込んでいた。ところが、俺のＭＣにイントロがかぶってきたんだ。あせってさ。まちがえた。あの仮面ライダー事件は長く話題になっていたな。

ピアノコンチェルト完成

１９８０年代から１９９０年代初めにかけてつくっていた曲がある。親父にリクエストされていたピアノコンチェルトだよ。

14歳のときに親父から「もっと勉強して、いつかピアノコンチェルトを書いてくれ」と言われたことは前にも話しただろ？　「夜空の星」の原型のメロディをつくったときだよ。

俺は親父に安請け合いした。ピアノを弾き始めて間もなかったし、ピアノコンチェルトはそれほど現実的じゃなかったしさ。

ところが、親父は約束したことを覚えていたんだ。

「あのときの約束、やってるか？」

ある日突然言ってきた。

「約束って？」

「ピアノコンチェルトだよ」

俺はもちろん、ずっと忘れてた。

「全然やってねえや」

正直に答えるしかないよな。

「そうかあ……」

すごく残念な顔をしてさ。

そういうとき、親父は役者の本領を発揮する。ものすごく悲しそうな表情でさ。やっぱり芝居がうまいな、と思った。

がっかりした顔を見せられてさ。こりゃあ、やんなきゃいけないな、と俺は思ったわけだよ。それから、時間を見つけては作曲を進めていった。

そうしているうちにＴＢＳの音楽番組『オーケストラがやって来た』から出演のオファーが来た。知ってるかい？　山本直純さんという有名な指揮者が司会と企画をやっていて、新日本フィルハーモニー交響楽団をはじめ一流のオーケストラが演奏して、全国各地の会場で収録していたクラシック音楽の人気番組だよ。

出演を引き受けたものの、最初は頭を抱えた。だって「君といつまでも」や「お嫁においで」を新日本フィルに演奏してもらうわけにはいかないからさ。ああいう曲はやっぱりバンドだよな。

そのとき、つくりかけのピアノコンチェルトのことを思い出した。そして、山本直純さんに言ったんだ。

「この番組で『君といつまでも』をフルオーケストラでやるのは番組の主旨とちょっと違うと思っているんですよ。それでね、実は今、ピアノコンチェルトを作曲しています。書きかけですけど。それをどうでしょう」

話したら、山本直純さんは乗り気になってね。

「それやろうよ。やろうよ」

かんたんに言うんだ。

「でも、まだ第1楽章の半分くらいまでしかできていないんですけど」

「大丈夫大丈夫。完成させよう！」

完成させようと言ったって、山本さんが手伝ってくれるわけではない。俺が自分でやらなくちゃいけないんだよ。

「収録まであと1か月しかないんですよね」

「うん。大丈夫。やっちゃえ！　やっちゃえ！」

山本さんは大よろこびでさ。

自分から言い出したことだし、俺、ピアノコンチェルトを頑張って書いたんだ。第1楽章だけなら10分もない曲なんだけどね。それでもなんとか書き上げて、山本さんに渡したの。

反応はよくてさ。

「いいじゃない！　これ、いけるよいけるよ！」

そう言って、番組で実際に演奏したんだ。

あの番組には素晴らしいピアニストがいてさ。ハネケンさんっていただろ？　羽田健太郎さんだよ。収録の日、山本さんはハネケンさんを連れてきた。あの人はすごいんだ。俺が寝る時間も削ってやっと書き上げた譜面を初見でかんたんに弾いちゃった。

山本さんもよろこんでくれてさ。俺はもう感謝感謝だよ。

収録したホールには、親父も招待した。

「ピアノコンチェルト、できたてを聴いてくれるか」

そう言って前のほうの席に座ってもらった。ピアノコンチェルトは親父のリクエストで、親父のために書いた曲だからね。

演奏の後、ステージにも上げたよ。

「上がって来いよ」

そう言って呼んで、手書きのスコアを渡した。

「これはプレゼントだ」

親父はもうボロボロ涙流してさ。

親孝行できたと思ったよ。


「ありがとう。バイバイ」

ピアノコンチェルトは第1楽章を『オーケストラがやって来た』で披露した後、第2楽章、第3楽章とスコアを書いていった。1985年の親父の喜寿のお祝いのとき日比谷の帝国ホテルで全曲を披露した。

ミュージシャンとしての俺の源泉にはさ、やっぱり親父がいるんだよ。親父が持っていた〝3B〟の音楽を聴いたのが、俺の音楽人生のスタートだからさ。

バッハ、ベートーヴェン、ブラームスのSPレコードを聴いて、なるほどなあ、音楽っていうのは、こういうふうにつくらなくちゃいけないんだなあ、と思ったわけだからね。音楽の素晴らしさを教えてもらった。それで、自分でつくるようになっていったんだ。親父に感謝だよ。だから、親父に捧げるピアノコンチェルトを全楽章書いた。

1991年11月には親父の誕生会をやった。親戚を40人くらい集めて、近所の馴染みの寿司屋の大将に来てもらって、大騒ぎしたんだ。親父、大将が握ってくれた寿司を3人前くらいぺろりと食べていたな。

そのときにはCDに録音したピアノコンチェルトを聴かせた。親父は大よろこびさ。

「お父さんは、第2楽章が好きだ」

そう言ってくれた。第2楽章はスローなんだ。静かで気持ちのいいテンポになっている。

当時は成城の家で一緒に暮らしていた。親父の部屋は離れで、ご機嫌で寝床に帰っていった。俺が見送ってね。

部屋に入った親父は扉をしめた。でも、すぐにまた開けたんだ。どうしたのかと思ったら、幸せそうな顔で言ったんだよ。

「ありがとう。バイバイ」

息子の俺に頭を下げた。

それが生きている親父の顔を見た最後になった。

翌朝、俺はカミさんをつれて船で海に出た。江の島から出航して七里ヶ浜沖を進んでいるころ、お手伝いさんから電話がきた。

「大旦那様が！」

興奮した声だった。

「どうした？」

「大旦那様が！」

「落ち着いて話してくれ」

「大旦那様が亡くなられました」

「えっ、もう1回言って！」

「大旦那様が亡くなられました！」

驚いて、葉山マリーナに船をつけて、家に向かった。親父の死因は急性心不全。バスタブのなかで命が尽きていた。82歳だった。

親父の最期、いい顔してたよ。苦しまなかったんだなと思った。安心したよ。いい旅立ちだったんだな。

理想的な最期だよ。長患いすることはなく、介護もされず、前夜はみんなに祝ってもらって、ピアノコンチェルトの完成版を聴いて、馴染みの寿司をたらふく食べて、息子に「バイバイ」と言って翌朝コロリと逝った。俺が目指しているピンピンコロリだ。いや、パーフェクトだから、完全ピンコロだな。

第四章　80代、まだまだ青春

桑田君夫妻、達郎君夫妻主催の80歳パーティー

山あり谷ありの芸能生活を経て、大借金や税金は10年で返済し、60代、70代はけっこう頑張ってきた。

そして、俺の80代はブルーノート東京でのバースデー・パーティーからスタートした。

桑田佳祐・原由子夫妻と、山下達郎・竹内まりや夫妻が、俺の誕生日を祝ってくれたんだ。あのときは子どもたちがおいしいものをご馳走してくれるっていうから、カミさんと一緒に腹をすかせて出かけていった。

主催の4人とはもちろん面識はあって、桑田君や達郎君とは同じステージに立ったこともある。

ブルーノート東京に行くのは初めてだった。俺、ジャズクラブだとは気づかなかったんだよ。正面ではなく楽屋口みたいなところからアテンドされたから、変な店だと思ってさ。エレベーターで地下に降りると、廊下の壁に俺の写真が飾ってあって、なにがな

んだか理解できなかった。

さらに階段を降りていくと、なにやら演奏が聴こえてきた。扉を開くと桑田君が「ブラック・サンド・ビーチ」を演奏している。しかも、彼が弾いているギターは俺のモズライトなんだよ。えー、と思ったら、俺のサプライズ・バースデー・パーティーだったんだ。びっくり仰天だよ。

桑田君、原坊（原由子）、達郎君、まりやちゃん、星野源君や歌手・水谷千重子として友近ちゃんもいた。

桑田君や達郎君が「夜空の星」とか「蒼い星くず」、星野源君が「お嫁においで」を演奏してくれた。この日のために、みんな2日間もリハーサルをしてくれたらしい。最後は俺が「マイ・ウェイ」を歌った。いい夜だったな。

桑田君の親と俺の親は麻雀仲間

桑田君とは地元つながりなんだ。茅ヶ崎へ行ってごらんよ。茅ヶ崎駅から海に向かって雄三通りという道がある。その途中には、かつての俺の家があった。でね、高砂通りをはさんで西側にサザン通りがあるんだ。桑田君も俺も、茅ヶ崎の名物男になっちゃった。

桑田君とは実は長い付き合いになる。彼の親父さんはかつてパシフィックホテルの従業員だったんだ。ボウリング場で働いていた。桑田君もよくプレイしていた。だから、うまいはずだよ。一時期はプロボウラーになりたかったらしい。サザンオールスターズや桑田君の曲の歌詞にもボウリングがよく出てくるだろ。

その桑田君の父親とうちの親父は麻雀仲間だったんだ。よく打っていた。

そんな関係だから、俺も桑田君がよちよち歩きのときから知っている。パシフィックホテルのプールで幼かったころの桑田君が遊んでいて、プールに落ちそうになるのを抱き上げたのが、彼と俺との出会いだ。

「危ない！　危ない！」

そう言いながら抱っこした。

それから何十年も経ってから、親父に聞かれた。

「お前、桑田佳祐って知ってるか？」

「知ってるよ。なんで？」

「彼はお前がホテルで抱っこした男の子だよ」

「えー！」

びっくりしたな。あのときプールで会った幼児が大人になって俺と共演するなんて、考えもしなかったよ。

覚えているか、彼に聞いたこともある。

「そんな小さいころのこと、覚えてるわけないじゃないですか」

笑われたけれどね。そりゃそうだよな。

桑田君主催のフェスに呼ばれたこともある。２００６年の夏に開催された「THE 夢人島 Fes.」で、加山雄三 with 桑田佳祐 Special Band として出演した。ステージが船というコンセプトで、俺は船長。桑田君のバンドはクルー。バンドはボーダーのセーラーのシャツでそろえていた。

会場は静岡県の浜名湖ガーデンパーク。前の日まで、俺は光進丸で海へ出ていた。式根島から戻って、その足で浜名湖へ向かった。着いてみたら広いのなんの。東京ドーム12個分、56ヘクタールに6万人のお客さんが集まっていた。ステージからながめる客席は見事だったよ。どこまでもお客さんがいるんだ。

俺の出番のオープニングは「光進丸」。「夜空の星」「お嫁においで」「旅人よ」などを歌って「君といつまでも」「海 その愛」から「夕陽は赤く」のメドレーでしめた。全13曲。楽しかったよ。

達郎君とは「BOOMERANG BABY」の縁

達郎君は彼の『COZY』というアルバムで、俺の「BOOMERANG BABY」をカバーしてくれているんだ。びっくりしたよ。だって、「君といつまでも」や「旅人よ」じゃなくて「BOOMERANG BABY」だよ。俺の代表曲は、たいがい岩谷時子さんが作詞で、俺が作曲なんだ。ところがこの「BOOMERANG BABY」は作詞も作曲も俺。だから英語詞なんだけどね。

俺の作詞・作曲の作品をカバーする歌手は珍しい。達郎君ならではの選曲だと思う。このカバーをきっかけに、彼とは何度か共演した。

達郎君の奥さんのまりやちゃんは、光進丸に乗せたことがある。葉山の沖、1キロくらいのところに名島という無人島があってさ。そこに何人かで行ったんだよ。そのときにまりやちゃんもいて、島で一緒に歌った。あれから、俺のコンサートにはいつも来てくれていた。ブルーノート東京の80歳のパーティーのときもすごく喜んでくれていたよ。

さだまさし君や谷村新司君たち、ヤンチャーズのメンバーも、桑田君や達郎君も、俺とは世代が違う。彼らのような自分より若い人たちと一緒に歌ったり、演奏したりすると、感化されるよ。元気になるし、前向きになる。たくさんのことを与えてもらえる。いくつになっても、若い人たちといるべきだと思うな。

だけど、こっちが彼らに提供できることは、ほとんどないんじゃないかな。俺にはまったく思いつかない。もらってばかりだ。申し訳ないな。

もしも彼らが俺から、俺が気づかない何かを得られているのだったら、うれしいね。どうぞご自由に、遠慮なく何でも持っていってくれ、奪っていってくれ、という気持ちは常に持っているよ。

俺から奪ってみたらまったく役に立たないということもあると思うけれど、そのときは遠慮なくそのへんに捨てちゃってくれ。そう言いたいよ。

坂本九ちゃんの「上を向いて歩こう」は、コード進行にベートーヴェンの「皇帝」の影響を感じることは話したよな。そういう俺の「君といつまでも」もジャズのスタンダード・ナンバー「オン・ザ・サニー・サイド・オブ・ザ・ストリート」をモチーフにつくっている。誰だって誰かの影響を受けて今があるんだよ。俺だって、ベートーヴェンやショパンの影響も受けているからね。

長くミュージシャンをやっていると、一つや二つは誰かの曲と似てしまう。好きな音楽は何度も聴いてインプットしているから、身体に沁み込んでいて、自然とアウトプットしてしまう。それは、俺はリスペクトの一つのかたちだととらえている。

光進丸炎上

80歳のときにはものすごく残念な出来事もあった。俺の相棒、3代目の光進丸が火災で全焼したんだ。

光進丸は静岡県の西伊豆安良里漁港に泊めていた。夜、原因不明の出火で、約2日間かけて鎮火した。

そのとき俺はコンサート中で、沖縄で歌っていた。終演後に光進丸の火災を知り、すぐに連絡をした。

「沈めてください！」

とにかくそう頼んだ。

光進丸は船底に燃料タンクがあった。そこに火がついたら、1艇の火事ではすまない。港が火の海になる。海が燃えてしまう。それは避けなくてはいけない。

だから、光進丸が沈んだときには、悲しみも大きかったけれど、同時にほっとした。

「皆さん、鎮火していただき、ありがとうございました」

町の人たちに頭を下げた。感謝したよ。

そして、光進丸が沈んだ海にも頭を下げた。

「よく沈んでくれた。ありがとう」

鎮火した日の記者会見で、俺は静岡県の西伊豆、安良里の町の皆さん、海上保安庁、警察、消防の皆さんにおわびと感謝の気持ちを話した。

「24時間徹して消火をしてくださり、心から感謝申し上げます」

心の底からの気持ちだった。

「長いこと私を支えてくれて、多くの幸せを与えてくれて、あの船からたくさんの曲が生まれて、大勢のかたがたと一緒に楽しい時間を持てました。思い出は山ほどです。自分の半身を失ったくらいつらいです。長い間の相棒がこんな形で消えていくというのは、本当につらいです」

これも本心だよ。

出火の原因は今もわからない。専門の機関のかたがたが調査しても見つからなかったんだ。

俺は、光進丸は自分の意思で沈んだと思っている。

船には魂がある。心がある。船は初出航の前に御霊《みたま》入れ式を行うんだ。魂を入れる。だから、船は生きているんだよ。

現実的な話になるけれどさ。光進丸の維持費は莫大だった。うちの家計はもちろん、事務所の会計も圧迫していた。

クルマに車検があるだろ。あれと同じで船舶にも定期的な検査がある。100トンを超える光進丸はかなりの金額がかかる。そのほかに、停泊している港への支払いとか、修理代とか、エンジンの交換とか、いろいろな出費があるんだ。

「今月はお金が足りないかもしれないけれど、その分来月頑張るよ」

カミさんによく言っていた。迷惑をかけていた。

ちょっと経済的にピンチだな、と思い始めると、俺の懐具合を把握しているマネージャーが言ってくるんだ。

「頑張って歌いましょうか？」

そう言われると、やっぱりピンチなんだな、と俺も察する。そんな状況だったよ。

光進丸はそれをわかっていて、燃えて沈んでくれたのかもしれないよな。火災のときはものすごくつらかったけれど、時間が経った今は「光進丸よ、よくぞ沈んでくれた」と感謝している。俺のためを思っていなくなってくれた、とね。実際に、出費は大幅に減った。

さらば、光進丸！

ありがとう、光進丸！

カミさんは神様だ

80歳までは、俺、身体は頑丈で、雪崩にあったり圧雪車の下敷きになったりはしたけれど、大きな病気はなかった。ところが、80歳になってからは何度か病気で三途の川を渡りそうになっている。

最初の異変は寿司屋で起きた。

俺の左手が勝手に動き出したんだ。信じられるかい？　俺の意思とは関係なく左手が動くんだ。びっくりしたよ。

「なんだこれ？」

唖然とした。

寿司を食べる気持ちが失せて家に帰ったら、カミさんが病院へ電話をかけて俺の状況を説明していた。近くに住んでいた息子にも電話して、すぐクルマで迎えに来てもらい、俺は病院に運び込まれたんだ。

「明日でいいんじゃないか」

そんな俺の言葉をカミさんはまったく取り合わなかった。

病院に着くと非常口みたいなところから入って、ＣＴスキャンで脳の検査をした。

脳梗塞だった。

カミさんの迷いのない決断、迅速な行動があったからこそ、俺は今ここにいる。

あのときのメディアへの発表でも、迅速な処置によって救われたことを述べている。

「早期に発見することがいかに大事かを、より多くの人が知ってもらえる機会になれば幸いです。いち早く回復して、みなさんの前に元気な姿をお見せできますよう治療して参りたいと思います。しばらく時間をくださいね」

自分の命が救われたこと、それが迅速な対応のおかげだったことをより多くの人に知ってもらいたかったわけだ。俺の発言によって、どこかで誰か一人でも助かればうれしいよな。

それにしても、カミさんは神様だよ。俺の神様だ。

翌年にもピンチがあった。水を飲んだときに誤嚥を起こして嘔吐したんだ。いつもと違った。この〝いつもと違う〟という感覚が危険信号なんだな。

脳梗塞の体験があるから、このときもカミさんは迅速だったよ。すぐに病院に連れていかれた。ＣＴスキャンの結果、小脳に出血があった。

ラストショー

脳梗塞と小脳の出血を経験したこともあって、85歳の誕生日を過ぎて少し経った２０２２年６月、俺はその年いっぱいでコンサート活動から引退することを発表した。

「歌えなくなってやめるのではなく、まだ歌えるうちにやめたい。最後までいつも通り歌う。それが一番なんだ」

俺は正直な気持ちを発表した。

あのとき、テレビ朝日の『徹子の部屋』にも出演して、黒柳徹子さんに話している。

「入口があれば出口があるということで、始まったら終わりがある、そのけじめっていうのは大事だなと思って、もうこの辺でやめた方がいいなと思って、自分で決断したんです」

今ふり返ると、率直な気持ちを黒柳さんに話しているよな。

そりゃあ、やめたくない気持ちはある。でもね、引き際は大切だからさ。お客さんの前で歌うっていうのは終わりにした。

8月に日本テレビの『24時間テレビ 愛は地球を救う』で谷村新司君たちと「サライ」を歌い、9月に東京国際フォーラム ホールAで「加山雄三 ラストショー 永遠の若大将」を開催し、10月に「朝霞JAM」に出演し、12月にクルーズ船「飛鳥Ⅱ」で船上ライヴを行い、大晦日の『NHK紅白歌合戦』でステージで歌う歌手としての加山雄三は幕を引いた。

「加山雄三 ラストショー 永遠の若大将」、この「ラストショー」ってタイトル、いいだろ？ えっ？ と思うだろ。この〝？〟が大切なんだ。心に残るからね。

俺のほうも、ラストを強く意識する。よし！ と思う。すると、集中力が発揮される。

受け取る側の心にも、発信する側の心にも、緊張感のようなものが生まれるんだよな。そこに相乗効果もある。

俺の初めてのワンマンショーのタイトルは「加山雄三ショー」だったんだよ。だから、最後は「ラストショー」。始めがあれば、終わりもある。

どこで終わったらいいのか――。フェイドアウトって、つまり徐々に終わらせていくっていうのは、自分でやるのはあんがい難しいだろ。だから、すぱっとけじめをつけたかったんだよな。

歌手にはさ、歌手だからこその責任があると思うんだよ。自分ではまだまだやれると思っても、実際はやれていないかもしれない。評価するのはお客さんだからさ。それを考えて、歌に関してはそろそろ最後にしようかなと考えたんだな。それで、ラストのステージを自分で決めたんだ。

ラストショーは、自分の代表曲を歌えるだけ歌うと決めた。お客さんが聴きたいと思ってくれる曲は全部やりたかった。だから「君といつまでも」も「お嫁においで」「夜空の星」も「海　その愛」も、みんな歌ったよ。

ショーのエンディングは、緞帳に大きな文字で俺の本心を映し出した。

幸せだなあ

加山雄三

あの言葉のもとになった「君といつまでも」のレコーディングのことは話したよな。オケがものすごくいい音で、俺はうれしくて「幸せだなあー」って言った。ラストショーのファイナルの「幸せだなあ」も、もちろん本心。だから俺の気持ち、伝わっただろ？

ラストショーは、前日のゲネプロ（本番の間近に、本番と同じメンバー、演出、音響、照明、舞台で行うリハーサル）ではあまり声が出なかったんだ。当日の開演前のリハーサルも実はあまりよくなかった。

ところが不思議なもので、本番は声がしっかり出たんだよな。なんでなのかな。本番で、俺は自分が歌っている気はしなかったんだ。なにか別の力で歌わせてもらっている感覚だったな。

「俺、声は出てるか？」

1部と2部の間の休憩時間にマネージャーに聞いた。

「ばっちり出ています。現役そのものじゃないですか!」

やっぱりな。思った通りの答えだった。

「でも、2部はわかんないぞ」

マネージャーには言ったよ。自分ではないなにかの力で歌っていると感じていたからね。

最後に歌うのは海の上

ステージで歌う歌手として最後の年にクルーズ船、飛鳥Ⅱでもコンサートをやった。俺らしいだろ?

俺が最後に歌うのは海の上。それはずっと思っていたんだ。俺は海から生まれた男。育ったところが海っぺりだからさ。

茅ヶ崎にいた子どものころ、あのあたりでは、遊ぶものなんてなんにもないんだ。パチンコ屋なんてない。喫茶店だってない。なんにもない。

自分が好きなことできるっていったら、海岸へ行って、潜ってさ、貝を拾ってくるとかね。それから烏帽子岩へ泳いで行って、サザエを獲ってくるとかね。そういうことしかなかったんだ。

俺の最初の夢は漁師になることだった。自分の船を持って船団を率いて漁に出たかった。その後大型船を操縦したいと思った。俳優になり、歌手になったので、海のほうの夢は選べなくなったけれど、思いもよらぬかたちで実現したのが飛鳥Ⅱでのクルーズだったわけだ。

このクルーズでの俺の肩書は「名誉船長」。

飛鳥Ⅱは5万4４4トン。でかいだろ。〝名誉〟は付くけれどさ、そんな大型船の船長をやれるなんて、わくわくしたよ。夢だったからな。俺は1000トンまで船長をやれる資格は持っているけれど、5万トンは初めて。うれしかったよ。

ファンの人たちもわかってくれてたんだな。俺が船長をやるって報道されたら、応募する人がどんどん増えた。

この海の上のコンサートのチケットは安くない。コストがかかるからね。しかたがないんだ。それなのに、たくさん集まってくれた。1回じゃ足りないっていうんで、2回やることになった。

当日、俺は船長の服装で乗船した。ブリッジに行って、皆さんをお迎えする。出航から何から俺が案内するわけだ。

お客さんが全員乗船したことが確認できたら、船内放送をする。

「ご乗船いただきまして、ありがとうございます」

「これから出航いたします」

それから船員に指示を出すんだ。桟橋からゆっくり船を離していく。桟橋から5メートルくらい離れたら、一度船を停める。

「止まれ！」

船員たちに指示をした。

ここでまた乗客にアナウンスだ。

「これから汽笛を鳴らします」

大型船の汽笛の音はデカい。ブワーッ！　て、すごい大きな音が鳴る。あらかじめアナウンスしないと、みんなびっくりするんだ。

汽笛は長音を3発。俺はこれをやってみたかったんだ。

最後に歌うのは海の上――。その夢がかなった。

その後の最後の『NHK紅白歌合戦』はおまけだよ。本心はカミさんと神社を参拝してさ、静かに年を越したかった。

音楽は生涯の親友――。俺ははっきり思っている。その一方で、自分はシンガーよりも俳優だとも感じていた。歌はあとからついてきたというかね。だから、シンガーとしての気持ちは少し控えめなんだよ。歌一本でご飯を食べている人たちを押しのけて紅白に出場することにためらいもあった。

それでも出場を決めて実際に歌ってみると、一年の節目というかね。ステージでもバックヤードでも歌の仲間たちの顔を見て、いい思い出になったけれどね。

最後の紅白で、俺は「海　その愛」を歌った。俺が最初山をイメージしてつくったメロディに、岩谷時子さんが海の歌詞をつけてくれた曲だよ。

「音楽とともに歩んできて幸せいっぱいです！　本当にありがとうございます」

間奏のときに俺は語った。

2022年の大晦日で、コンサート歌手としての加山雄三は幕を下ろした。

作曲家としては、今までに作った作品は539曲だ。親父はクラシック音楽のレコードを集めて聴くマニアだった。おふくろは流行歌のファンだった。それが俺のなかで混ざって、加山雄三特有の個性になったような気もする。

俺は音楽には、ジャンル分けなんてないと思っている。クラシックだろうと、ジャズだろうと、演歌だろうと、音楽は全部好きだ。聴いて、いいものはいい。気持ちいいか、そうでないか、それだけだよ。だから、リスナーとしてはさ。どんな種類の音楽だって聴きに行く。楽しいよ。

クラシックの作曲家のように、俺は自分の作品に1から539までナンバリングしているんだ。「K1」「K2」「K3」……とね。〝K〟はKayamaのKだ。

俺の〝十八番《おはこ》〟、18番目の曲はわかるかい？　俺がつくった18曲目はなんと「君といつまでも」なんだよ。

第五章　今の俺、これからの俺

52歳で禁煙。63歳で禁酒

俺もずいぶん長く生きている。この本が出版されるころには87歳だよ。自分でもびっくりだ。

この本のタイトルにしたように、俺は100歳まで生きると決めた。しかも目指すはピンピンコロリだから、ぎりぎりまでピンピンしているつもりだ。つまり、少なくともあと13年は仕事も頑張るよ。まだまだいろいろやれそうだよな。

「なんでこんなに長生きしてるんだろう?」

この前、ふと口から出た。

すると、カミさんがこんなふうに言うんだ。

「反省するためでしょ」

俺は噴き出したよ。さすが、いいことを言う。カミさんの言うとおりだ。反省するために俺は生きているんだよな。

これからは、お世話になった人に会うごとに頭を下げてお礼を言うよ。「ありがとうございました」

いいことがあったら「おかげさまで」「ありがとう」と言う。よくないことがあったら「私が悪かった」と反省する。あらためて思ったな。

今はこうしてピンピンしているけれどさ。もちろん、なにも努力をせずに健康でいつづけているわけじゃない。

たばこは52歳のときにやめた。

やめると決めたら、ぴしっとやめられた。

酒は63歳のときにやめた。

酒のほうはさ、やめると決めてから10日くらいして、一度飲んじゃったんだよな。あのときは、ものすごく後悔した。

やめると決めたのは俺自身。だれかにやめろと言われたわけじゃない。それなのに、飲んじゃった。俺はなんて意志が弱いんだ。自分のことをバカなやつだと思ったよ。あんな気持ちは二度と味わいたくない。だから、その後24年近く、アルコールを口にしていないよ。

俺はいいものを食べてきた。いいものって言ったってさ、ときどきはご馳走も食べるけれど、高級なものばかり食べてきたわけではないよ。

やっぱり、子どものころに茅ヶ崎の海に揚がる魚介をいただけたことは大きいだろうな。アジやイワシやイシハマグリやサザエを食べて、海藻も食べて、身体の基礎ができたと思う。ワカメや昆布なんて、浜に行けばいくらでも落ちていたからね。

潮風や日光に当たっていたことも、俺はよかったと感じている。親父の方針で夏は毎日フリチンで、海で遊んでいただろ。恥ずかしかったけれど、健康になれた。

紫外線は肌によくないって言うけどさ。今の住まいに引っ越す前、80歳過ぎくらいまでは毎日のように日光浴をしていた。紫外線浴びまくりだ。でも、俺の顔は今もすべすべピンク色だろ?

どんな乳液を使っているんですか?――とよく聞かれるけれど、なんにもつけていない。水でパシャパシャ顔を洗っておしまいだよ。なにもつけないでいると、肌の健康に必要な潤い成分は毛穴から自前のがちゃんと出てくるんだ。なにもつけないことが、自分の肌を育ててくれて、健康にしてくれるんだな。

ずいぶん前にさ。俺の髪をかつらだって言ったタレントがいたんだよ。会ってもいないのに。

言っておくけどさ。俺の髪は自前だよ。

俺をかつらだって言ったタレントとは、あるビルのエレベーターでばったり出くわした。

「あんた、俺をかつらだって言ったらしいじゃないか」

このときとばかり、言ってやったよ。そうしたら言い訳しやがってさ。

「かつらじゃないかな、って思ったんですよ」

思っただけで言いふらすって、ひどいだろ？

「バカ野郎、俺の髪、さわってみろ！　お前ね、人の弱点をさがして言いふらすもんじゃないよ。そういうのは絶対に自分に返ってくるぞ」

きっぱり言った。

「どうもすみません」

そう謝ってたけどさ。

努力しなければ、人間は衰える

ウェイト・トレーニングも続けてきた。自宅にトレーニング・ルームをつくって、腹筋運動やプッシュアップ（腕立て伏せ）はもちろん、スクワットやベンチ・プレスで、バランスよく筋肉を鍛えてきた。

人間の身体っていうのは、自分でつくるべきだと俺は考えている。もちろん持って生まれたものは人それぞれだと思うよ。でも、そこから努力しなくちゃいけない。なにもしないとだめになっていく。

俺たちは人に見られる仕事だしね。だらしない身体になるわけにはいかないんだ。ほうっておいちゃいけない。

ただ、俺には弱点があってさ。つい競争意識がわいちまうんだ。備前焼に夢中になっているときに谷村新司君にもたしなめられたけれどね。

そんな競争意識があるために失敗したこともある。

80代の初めまで暮らしていた成城の家にはトレーニング・ルームがあった。そこで毎日音楽を聴きながらウェイト・トレーニングをやっていたんだ。

ある日、トレーニングをしようとしたら、30キロのバーベルが使ったまま放ってあった。孫が遊びに来て、トレーニングして、片づけなかったんだ。ためしにそのバーベルを持ってみた。一つ30キロだから左右で60キロある。それにバーの重さが加わる。80代の俺にはけっこうな負荷だよ。

俺、負けず嫌いだから、よせばいいのにさ、つい本気でやってしまった。そうしたら、グキッて音がしたんだ。まずいと思ったよ。やっちまったと思った。すぐに整形外科へ行った。

「圧迫骨折していますね」

ドクターはすぐに診断した。折れたのは腰椎らしい。しばらくはベルトをして暮らせ、と言う。

俺は、いやだなあ、という態度をしてしまった。

「付けたくないなら付けなくてもいいですよ」

俺が嫌がっていることを察したドクターが自然治癒力で治せるようなことを言ったから、ベルトなしにしてもらったよ。

あのときの回復・復帰は、自分でも驚くほど早かったよ。

このとき、スポーツ紙には「驚異の82歳若大将・加山雄三」という見出しで記事が掲載されたよ。

「歌手の加山雄三（82）が6日、神奈川・茅ヶ崎市民文化会館で4年ぶりの全国ツアーの初日公演を実施。5月に腰椎を骨折していたことを明かした」（『デイリースポーツ』2019年6月7日付より・以下同）

このとき、満席1300人のお客さんの前で自分の状況を伝えたんだよ。この記事の次の記述が、俺はちょっとうれしかった。

「正式な診断は『腰椎椎体骨折』で、全治までには通常、寝たきりで1カ月半かかる重傷だったという。だが、超人的な体力を誇る加山は『朝晩に（痛み止めの）錠剤を飲んでいる。腰には何もしてないよ』とコンサートを強行」

ここにある〝超人的な体力を誇る加山〟というくだりが気に入った。ずっとトレーニングを怠らなかったことが証明されたわけだ。

でもさ、若い孫に対抗意識を燃やしても、いいことはなにもないよな。自分の力を過信して重たいバーベルを持ち上げたことは反省しているよ。

数年前からは夫婦で自立型ケア付き住宅で暮らしているけれども、今も朝起きたらすぐにスクワットをやっている。若いころのような激しいことはしないけれどね。夜はトレーニング・ルームへ行くようにしているよ。なにもしなければ、人は衰えていくだけだからね。

毎食後3種類の歯磨き

健康については、小さいときに親父に言われて、今でも毎日きちんと続けていることがある。

歯磨きだよ。

「歯はいつもきれいにしろ。よく磨け。舌もきちんと磨け。いつもピンク色にしておけ」

乳歯から永久歯に生え変わるころから、親父にずっと言われていた。

だから今も俺は、毎食後に1本ずつ、丁寧に歯を磨いている。ふつうの歯ブラシと電動歯ブラシを使い分けてね。上下、表裏、ひと通り磨いたら、仕上げは口内洗浄機を使う。

ジェット水流で、歯間に残った食べかすや歯垢をきれいに取り除いてくれるんだ。俺は水じゃなくぬるま湯を使って洗浄しているよ。ゴマだろうが、トウモロコシだろうが、もなかの皮やウエハースだろうが、きれいに取り払ってくれる。すっきりするぞー。

その後、舌を磨く。舌にもたくさん食べかすがついているからね。舌磨き用のブラシはドラッグストアで買える。

親父に言われたように、ピンクになるまでごしごしやるよ。張り切り過ぎて、ときどきむせてしまうけれど、そんなことを俺は気にしない。

歯のクリーニングも歯医者さんで毎月やっている。自宅での歯磨きでは、いくらていねいに磨いているつもりでも、歯の裏側は不十分だ。だから、専用の器具で歯の裏側を念入りにクリーニングしてもらうんだ。

「きれいな歯ですね」

歯医者さんには毎回言われるよ。歯の健康は俺の自慢だ。

「はじめに」でも話したけど、80歳で自分の歯が20本以上残っているのが、今は健康のあかしらしいね。歯科医の業界では「８０２０運動」なんていうのもあるそうだ。

俺は今、自分の歯が27本ある。虫歯は一本もない。立派だろ？

歯っていうのは、人間の消化器系の入口だ。食べたものは、まずは歯で噛んで、喉、食道、胃、小腸、大腸、肛門と降りていく。歯が丈夫ならば、しっかりと噛むことができて、唾液が混ざって、スムーズに消化されていく。栄養をきちんと吸収できる。だから、丈夫な歯は健康の基本だよ。

今の住まいでは、毎日ABCの3種類の食事から、食べたいものを選べるんだ。どれもおいしい。カロリーもきちんと計算済みだ。ありがたいね。カミさんもご機嫌だよ。

俺は好き嫌いがほとんどない。たいがいのものは食べられる。苦手なのはホヤ。ホヤだけだよ。昔、加瀬邦彦に「これ、うまいぞ」と勧められて、あの匂いにはまいった。

俺はやっぱり肉が好きだ。

ABCのなかに肉料理があって、なかが少し赤い、ステーキでいうミディアムレアだったら、うれしいねえー。

ご飯屋さんにも恵まれていてさ。170歩でもんじゃ焼き屋がある。220歩で焼肉屋がある。鰻屋はもうちょっと離れている。中華料理が食べたいときは六本木まで行く。栄養はいくらでも摂れる。

もんじゃはずっと食べたことがなかったんだ。でも食べてみると、うまいね。

なにを食べてもうまいと感じられるのは幸せだよ。歯をていねいに磨くことを習慣づけてくれた親父のおかげだ。感謝してる。

朝ご飯が夫婦の絆を強くする

そして、俺がどんなに感謝をしても感謝しきれないのがカミさんだよ。

彼女がいなかったら、今の俺はいない。それは間違いないよな。仕事も、プライベートの生活も、彼女がいてこそやって来られた。

考えてみてくれよ。彼女と結婚したとき、俺は23億円の大借金を抱えていた。にもかかわらず一緒になってくれた。

その後も圧雪車に轢かれたり、脳梗塞になったり、小脳出血になったり、俺は何度も三途の川を渡りかけた。その都度俺を救ってくれたのはカミさんだった。彼女がいなかったら、俺はとっくにあの世へ行っていた。

いまだに俺は彼女にまったく頭が上がんないけれど、なにもかも今があるのはカミさんのおかげだから、当たり前だよな。

夫婦が仲よくしていられる秘訣をみんなによく聞かれる。おたがい愛し合い、信頼し合い、尊敬し合うことだと思うけれど、もう一つあげるとしたら、毎朝ご飯を一緒に食べることじゃないかな。やってごらんよ。その日の最初のご飯を一緒に食べれば、おたがいを思いやれるようになるよ。

結婚したばかりのころは、必ずカミさんと朝ご飯を食べた。子どもたちが生まれて学校へ行っているときには、朝5時半から6時には起きて、俺も食事のしたくをしてきた。家族みんなが起きてきたら、全員そろって、顔を見合わせて、お祈りをするんだ。

「今日もこうしてご飯を食べられることに感謝しましょう」

手を合わせる。

俺はとくに決まった宗教を信仰しているわけではない。だから、空に感謝する。自分たちをこの世に生んでくれた親父、おふくろ、じいさん、ばあさんにお礼を言う。

お祈りを終えたら、おいしい朝ご飯だ。

同じ食事を同じテーブルで、同じようにおいしいと思えるのは、とても大切だよな。幸せなことだ。

同じものを食べると、食べ物の好みが近くなる。幸せを分かち合える。家族が絶対に仲よくなれるよ。

今はさ、夫婦で他愛もない話をしているよ。ご飯も一緒に食べるけれど、テレビも一緒に観る。報道番組で心温まる出来事を知ると、一緒によろこぶ。ひどい事件を知ると、一緒に悲しみ憤る。

テレビにつないで、YouTubeも見ているよ。俺たち二人のお気に入りのチャンネルもけっこうあるんだ。

同じ番組をいつも二人で観ていると、考え方や感じ方も似てくるよな。同じ時間を過ごすのは大切でさ。今までもずっと仲がよかったけれど、さらにおたがいが掛け替えのない存在になってくる。

長く夫婦でいるから、そりゃあけんかもしたよ。でも、そんなことはみんな忘れちゃったな。たいがいは俺が原因だからさ。忘れちゃうのは、俺の都合でもあるけどね。

うちの夫婦は、いつもカミさんがえらい。カミさんの言うことを聞いていれば間違いない。でも一つだけ、俺が誇れることがある。それは、カミさんを自分にとって唯一の女性だと見抜いたことだよ。

俺には間違いなく人を見る目がある。

俺の新曲

コンサート歌手としての加山雄三は引退したけれど、そのほかの活動はもちろん、まだまだ続ける。これからの人生でやりたいこと、やらなくてはいけないことが次々と浮かんでくるんだ。

俺はもうすぐ、87歳。そして、100歳まで生きると決めた。俺のこれからの人生が13年以上だとするとさ、カミさんは反省するためと言うけれど、顧みるだけの13年じゃあ寂しいだろ。だから、まだまだ俺はいろいろやるよ。

この本で、今俺がやりたいことを三つ教えようじゃないか。

一つ目は烏帽子岩だよ。もう一度子どものころから親しんだあの島に行ってみたい。若いころみたいに泳いでいくのはちょっと無理だけどね。茅ヶ崎や辻堂あたりから漁師に船をだしてもらって島に上がってみたい。烏帽子岩に行きたいなんていうやつは俺のほかにいないだろうけどね。なんにもない岩だからさ。

あの岩は烏帽子に似ているから烏帽子岩と言われるわけだけど、てっぺんの空に向かってとがっているところはけっこう高いんだ。15メートルくらいある。あそこに登ってバンザイしたやつは俺しかいないと思うよ。

初めて烏帽子岩に渡ったのは14歳のときでさ。自分で造った船で行ったんだ。15分くらいかけてね。泳いで渡ったこともあるけれど、30分じゃ着けない。あの岩のまわりは潮の流れが激しいんだ。

烏帽子岩の近くの平岩に仲間といたら、一所懸命泳いで来るおじさんが見えた。案の定、なかなかたどり着けない。潮に流されてね。

「あのおじさん、ここに来るのは無理だろうなあ」

仲間と話して眺めていた。

おじさんはそのうち力尽きてさ。明らかに潮に流され始めた。溺れそうになっている。波にのまれそうになりながら、必死に俺たちに手を振っている。

見捨てるわけにはいかないだろ。泳いで助けに行ったよ。平岩まで引っ張ってきて上にあげて、しかりつけた。俺たちは若くて生意気だったからね。

「お前、よそ者だろ?」

はるかに年上だったけれど容赦しない。

「はい」

「バカ野郎、あのコースを泳いで岩にたどり着けるはずないだろ」

今思うと、偉そうだよな。

「はい」

おじさんはなに言っても「はい」って言う。こっちは命の恩人だ。

「そのうち漁師の船が来るから、乗っけてもらって帰れ」

「はい」

前にも話したけれど、烏帽子岩ではサザエは獲れるわ、アワビは獲れるわ。そりゃもう、スゴかったよ。今獲ったら密漁で捕まるけれど、あのころは叱られなかった。70年以上前だからね。

あの烏帽子岩に、もう一度上陸してみたい。

懐かしいだろうなあー。

やりたいことの二つ目は、飛鳥Ⅱの名誉船長を続けることだよ。

2022年に俺、あの船の名誉船長をやっただろ。すごく楽しかったんだ。

あの体験は俺にとって特別だった。大型船の船長は、子どものころの夢の一つだったからね。夢の実現だった。

コンサート活動からは卒業したから、船の上で歌うことは、今は考えていない。でも、ほかの何かができないかな。画を描くとか、俺の映画の上映会をやりながらファンの皆さんと交流をするとか。なにか考えてみたいね。

そして三つ目は、新曲のリリースだよ。

俺には、実は未発表曲がある。16曲もね。自宅でこつこつつくってきて、まだ発表していないやつがね。

「君といつまでも」「お嫁においで」「夜空の星」「ぼくの妹に」「海　その愛」……。俺の代表曲の多くは岩谷時子さんが詞を書いてくれた。その岩谷さんが亡くなって、俺の書いたメロディにぴったり合う詞を書いてくれる人がなかなか見つからない。だから、メロディが16曲、俺のもとにストックされたままになっているんだよ。

歌詞を書いてくれるって言うアーティストがぽつぽつ集まってきているんだけどね。このままじゃ、もったいないだろ。歌詞をつけて、歌入れして、いいタイミングでリリースしたい。

メロディはときどきチェックしているんだ。少し時間が経っている曲もあるから、古びていないかどうかとね。適当な歌詞をつけたり、英語詞にしたりして、マネージャーに歌ってもらって、録音して、聴いてみる。

俺のマネージャーはもちろん歌手じゃない。歌はうまくはない。それがいいんだ。彼が歌ってもいい曲に聴こえれば、いいメロディということだよ。

楽しみにしていてくれよ。そのうち新曲を発表するからさ。

全16曲入りのアルバムにするか。シングルとして1曲ずつ発表していくか。それはまだ決めていない。

でも、着々と俺は準備を進めている。

じたばたしてもしかたないだろ

こうして自分のバックグラウンドをふり返ると、育ちや経験が俺自身をつくってきたことがよくわかる。

俺はたいがいのことはOKなんだ。あまり気にしない。楽しいこともたくさんあったけれど、つらいことだってあった。大借金を背負ったしね。でも、シンプルに考えて、シンプルに生きてきたと思うよ。命あれば、つらい思いもする。泳いでいれば、溺れかけることだってある。そう考えてきた。

この性格になったのは、たぶん、海に面した茅ヶ崎で育ったからだよな。毎日でっかい海を見て育ってごらんよ。いつのまにかおおらかになっちゃうよ。海には絶対にかなわないからな。

自然には逆らっちゃいけない。謙虚にならなくちゃ、生きていかれない。台風が近づくと、海にものすごく大きな波が立つ。そんなものに人間はかなわない。よけいなことを考えなくなる。なにが起きても、じたばたしてもしかたがないという考えになっていくんだよ。

実際に溺れかけた人も何人も見てきた。戦争中には浜に打ち上げられた死体をいくつも引き上げてきた。その都度、交番のカガワさんに電話して来てもらったけれどね。泣いたってわめいたって、自然にはかなわない。運命にはかなわない。そう考えざるを得なくなった。

俺たちの上には、手の届かない神の領域があるんだ。

ずいぶん前に茅ヶ崎を離れて、今は東京の街中で暮らしているけれど、子どものころに身体にしみた考え方はずっと変わらない。

今は運命に逆らわないようにしながら、１００歳を目指している。

おわりに

2023年7月から、俺は文化放送のラジオ番組にレギュラー出演している。

タイトルはこの本と同じ。『俺は100歳まで生きると決めた』。フリー・アナウンサーの野村邦丸さんがMCを務める帯番組『くにまる食堂』の火曜日のレギュラー・コーナーとして放送されている。

邦丸さんとは、音楽、映画、健康、毎日の生活をはじめ、俺のバックグラウンドや日々の暮らしについていろいろ話している。そんな仕事をしながら、この本のアイディアも生まれたというわけだ。

つまり、ラジオ番組でも本でも「100歳まで生きる」と、俺は宣言してしまった。もう後には引けない。

100まで生きると決めたからには、今なにをするべきか――。逆算して、やることを決めている。すると、生活に張りが生まれる。なかなかいいもんだよ。

もうすぐ俺は87歳。82歳まで生きた親父も経験していない年齢を生きている。音楽、ラジオ、油絵、船長……。90に近づいても、やるべきこと、やりたいことは山ほどある。これからも続けていく。

俺が今も元気でいることについて、カミさんは反省するためだと言っている。それも事実。感謝と反省の気持ちを持ち続けようと自分に強く言い聞かせている。でも、過去だけではなく、今も未来も見ていきたい。

俺はまだまだ青春。青春とは人生の若い期間を言うのではない。心の様相を示すと言われている。ほんとうにその通りだと思うよ。年齢を重ねただけでは、人は老いない。熱い情熱、強い意志、想像力がある限り、70代でも80代でも青春でいつづけることはできる。その真実を今実感している。

ここで、俺はいろいろなことを話してきた。音楽や役者としてのキャリアはもちろん、食への思いや死にかけた病気の体験や大借金体験にいたるまで、できるだけ正直に打ち明けた。

この本を手に取ってくれた皆さんのなかにもいろいろなかたがいるはず。苦しい体験をしてきたかたもいるはず。男女さまざまな世代、さまざまな業種や職種のかたがいるはず。そのみんなが、生きていくなにかのヒントを見つけてくれたらうれしいな。

俺は誰かの役に立ちたい。そう思って生きているんだ。

この本ができるまでには、たくさんの協力があった。音楽仲間、ラジオのスタッフ、俳優仲間やかつて出演した映画やテレビ番組の関係者の人たち、出版社の人たち、事務所のみんな、家族、そして、最後まで読んでくれた読者の皆さん。その全員に感謝したい。

ありがとう!

２０２４年２月29日　加山雄三

取材協力　加山プロモーション
取材構成　神舘和典

本書は書き下ろしです。

加山雄三　1937(昭和12)年生まれ。
歌手、俳優、作曲家。慶應義塾大
学法学部卒業。「君といつまでも」
などヒット曲多数。主演映画に
「若大将」シリーズなど。

Ⓢ新潮新書

1038

俺《おれ》は100歳《さい》まで生《い》きると決《き》めた

著　者　加山雄三《かやまゆうぞう》

2024年４月10日　発行

発行者　佐　藤　隆　信

発行所　株式会社 新潮社

〒162-8711　東京都新宿区矢来町71番地
編集部(03)3266-5430　読者係(03)3266-5111
https://www.shinchosha.co.jp
装幀　新潮社装幀室

印刷所　錦明印刷株式会社

製本所　錦明印刷株式会社

ISBN978-4-10-611038-2　C0273

価格はカバーに表示してあります。